走进大学
DISCOVER UNIVERSITY

什么是经济学？

WHAT IS ECONOMICS？

原毅军 编著

大连理工大学出版社
Dalian University of Technology Press

图书在版编目(CIP)数据

什么是经济学？/ 原毅军编著. -- 大连：大连理工大学出版社，2021.9
ISBN 978-7-5685-2986-0

Ⅰ.①什… Ⅱ.①原… Ⅲ.①经济学－通俗读物 Ⅳ.①F0-49

中国版本图书馆CIP数据核字(2021)第071868号

什么是经济学？ SHENME SHI JINGJIXUE？

出 版 人：苏克治
责任编辑：邵　婉　王　洋
责任校对：杨　洋
封面设计：奇景创意

出版发行：大连理工大学出版社
　　　　　（地址：大连市软件园路80号，邮编：116023）
电　　话：0411-84708842(发行)
　　　　　0411-84708943(邮购)　0411-84701466(传真)
邮　　箱：dutp@dutp.cn
网　　址：http://dutp.dlut.edu.cn

印　　刷：辽宁新华印务有限公司
幅面尺寸：139mm×210mm
印　　张：6.25
字　　数：115千字
版　　次：2021年9月第1版
印　　次：2021年9月第1次印刷
书　　号：ISBN 978-7-5685-2986-0
定　　价：39.80元

本书如有印装质量问题，请与我社发行部联系更换。

出版者序

高考，一年一季，如期而至，举国关注，牵动万家！这里面有莘莘学子的努力拼搏，万千父母的望子成龙，授业恩师的佳音静候。怎么报考，如何选择大学和专业？如愿，学爱结合；或者，带着疑惑，步入大学继续寻找答案。

大学由不同的学科聚合组成，并根据各个学科研究方向的差异，汇聚不同专业的学界英才，具有教书育人、科学研究、服务社会、文化传承等职能。当然，这项探索科学、挑战未知、启迪智慧的事业也期盼无数青年人的加入，吸引着社会各界的关注。

在我国，高中毕业生大都通过高考、双向选择，进入大学的不同专业学习，在校园里开阔眼界，增长知识，提

升能力，升华境界。而如何更好地了解大学，认识专业，明晰人生选择，是一个很现实的问题。

为此，我们在社会各界的大力支持下，延请一批由院士领衔、在知名大学工作多年的老师，与我们共同策划、组织编写了"走进大学"丛书。这些老师以科学的角度、专业的眼光、深入浅出的语言，系统化、全景式地阐释和解读了不同学科的学术内涵、专业特点，以及将来的发展方向和社会需求。希望能够以此帮助准备进入大学的同学，让他们满怀信心地再次起航，踏上新的、更高一级的求学之路。同时也为一向关心大学学科建设、关心高教事业发展的读者朋友搭建一个全面涉猎、深入了解的平台。

我们把"走进大学"丛书推荐给大家。

一是即将走进大学，但在专业选择上尚存困惑的高中生朋友。如何选择大学和专业从来都是热门话题，市场上、网络上的各种论述和信息，有些碎片化，有些鸡汤式，难免流于片面，甚至带有功利色彩，真正专业的介绍文字尚不多见。本丛书的作者来自高校一线，他们给出的专业画像具有权威性，可以更好地为大家服务。

二是已经进入大学学习,但对专业尚未形成系统认知的同学。大学的学习是从基础课开始,逐步转入专业基础课和专业课的。在此过程中,同学对所学专业将逐步加深认识,也可能会伴有一些疑惑甚至苦恼。目前很多大学开设了相关专业的导论课,一般需要一个学期完成,再加上面临的学业规划,例如考研、转专业、辅修某个专业等,都需要对相关专业既有宏观了解又有微观检视。本丛书便于系统地识读专业,有助于针对性更强地规划学习目标。

三是关心大学学科建设、专业发展的读者。他们也许是大学生朋友的亲朋好友,也许是由于某种原因错过心仪大学或者喜爱专业的中老年人。本丛书文风简朴,语言通俗,必将是大家系统了解大学各专业的一个好的选择。

坚持正确的出版导向,多出好的作品,尊重、引导和帮助读者是出版者义不容辞的责任。大连理工大学出版社在做好相关出版服务的基础上,努力拉近高校学者与读者间的距离,尤其在服务一流大学建设的征程中,我们深刻地认识到,大学出版社一定要组织优秀的作者队伍,用心打造培根铸魂、启智增慧的精品出版物,倾尽心力,

服务青年学子,服务社会。

"走进大学"丛书是一次大胆的尝试,也是一个有意义的起点。我们将不断努力,砥砺前行,为美好的明天真挚地付出。希望得到读者朋友的理解和支持。

谢谢大家!

2021 年春于大连

前　言

本书是一本具有科普性质的经济学入门书籍，读者是对经济学产生了兴趣，并期望进入经济学的殿堂满足其好奇心的人们。其中，对于准备参加高考的高中生，本书为他们提供了选择专业的参考。

英国著名的戏剧家、1925 年诺贝尔文学奖获得者萧伯纳说过一句名言："经济学是一门使人生幸福的艺术。"经济学的研究对象是人，是人的选择行为。因此，研究人类的幸福就是经济学的必由之路和归宿点。这种幸福感在经济学的大师们身上可见一斑。人们发现：经济学大师和经济学思想巨匠普遍长寿。从这些大师身上，我们可以感受到经济学的魅力，并认识到献身经济学研究的

人是幸福的。这种幸福来源于经济学家用经济学这个工具认清了纷繁复杂的人生与世界，达到了"心如明镜"的境界，使他们心情愉悦，得享高寿。

经济学能解决生活中的疑惑，使人幸福的经济学不是专属于经济学家的阳春白雪，它是平常人触手可及的学问。

现代经济学经过 200 多年的发展，已经形成分支学科众多、流派纷呈、内容浩瀚的学科体系。如何在有限的篇幅内做出权衡取舍，写出一本简明、通俗，既有较好的可读性和趣味性，又能够涵盖经济学的核心思想、概念和知识体系的经济学入门书籍，颇具挑战。具体来说，在撰写本书的过程中，我着重考虑了三个方面的挑战：

第一，通过反复权衡，决定内容的取舍。本书阐述了与经济学的思维方式和研究特点密切相关的核心概念，例如经济活动、选择、稀缺性、机会成本、经济体制，等等；并在已经获得诺贝尔经济学奖的 84 位经济学家中，选择了 6 位国际影响较大、中国的读者较为熟悉、与中国经济有一定联系的经济学大师，专门介绍。

第二，为准备参加高考的学生提供选择专业的信息。本书介绍了我国高等院校中经济学本科专业和研究生专业的设置,以及经济学作为一门科学,与自然科学和数学的区别与联系,以便增强读者对经济学的理解。

第三,采用问题导向的逻辑来阐述经济学的基本内容。本书不仅介绍了人们最关心的微观经济问题的理论解释和对一国经济影响最大的宏观经济问题的理论解释,也讨论了开放经济下国际贸易和汇率波动的影响,还从时间和风险的角度阐述了人生财富积累必须考虑的问题。

尽管我已经出版了40多部专著、译著和教材,但是撰写科普性的入门书籍还是第一次。书中的不足之处,敬请读者给予指正。

原毅军

2021 年 4 月于大连

目　录

我们为什么需要经济学？/ 1
什么是经济学？/ 1
　　经济 / 2
　　经济活动 / 3
　　经济学 / 4
你无时无刻不处于选择之中 / 7
　　稀缺性 / 8
　　"取舍"选择与机会成本 / 10
　　选择的权衡与协调 / 12
经济学对于我们来说意味着什么？/ 15
　　经济学有助于我们认识这个复杂的世界 / 16
　　经济学有助于我们建立一种独特的思维方式 / 17

经济学有助于我们更好地理解政府的经济政策 / 19

经济学可以增加我们的人生智慧 / 20

经济学有助于我们理解和解决问题 / 22

何为大师——诺贝尔经济学奖得主的故事 / 24

诺贝尔经济学奖的由来 / 25

诺贝尔经济学奖得主的故事 / 29

才华横溢的萨缪尔森 / 30

一般均衡理论的佼佼者希克斯 / 33

经济自由的倡导者米尔顿·弗里德曼 / 35

发展经济学的先驱威廉·阿瑟·刘易斯 / 39

经济预测的泰斗劳伦斯·克莱因 / 43

"欧元之父"罗伯特·蒙代尔 / 46

经济学的学科范畴与知识体系 / 50

经济学是科学吗？/ 50

经济学的科学属性 / 50

经济学与自然科学 / 52

经济学与数学 / 54

经济学的学科范畴 / 55

微观经济学 / 56

宏观经济学 / 57

微观经济学与宏观经济学的联系 / 60

怎样学习和研究经济学？/ 62

怎样学习经济学？/ 62

高等院校的经济学门类专业 / 62

怎样研究经济学？/ 66

微观经济问题的理论解释 / 72

家庭和企业如何做出选择？/ 73

家庭如何做出选择？/ 73

企业如何做出选择？/ 75

家庭和企业的选择如何影响市场？/ 78

如何提高经济效率？/ 80

什么是效率？/ 80

产生于专业化分工的效率 / 83

产生于贸易的效率 / 84

市场机制如何发挥作用？/ 87

市场机制 / 87

看不见的手 / 89

薄利多销与谷贱伤农 / 91

市场需要竞争还是垄断？/ 93

竞争的含义 / 93

垄断的含义 / 94

市场竞争与垄断：孰是孰非 / 95

政府如何解决市场失灵问题？/ 96
　　市场失灵的原因 / 97
　　政府的干预 / 101

宏观经济问题的理论解释 / 104
　如何衡量一国经济的绩效？/ 105
　　衡量总产出的主要指标 / 105
　　价格波动的影响 / 106
　　用 GDP 衡量国民总产出的问题 / 107
　什么因素决定了一个国家经济的长期增长？/ 109
　　什么是经济增长？/ 109
　　经济增长的特征 / 110
　　人口与增长陷阱 / 112
　为什么经济会出现周期波动？/ 113
　　什么是经济周期？/ 114
　　经济周期的影响及其调控 / 115
　什么因素导致了失业？/ 116
　　什么是失业？/ 116
　　失业的类型 / 117
　　经济中为什么存在失业？/ 119
　　如何解决失业问题？/ 121
　为什么会出现通货膨胀？/ 123
　　什么是通货膨胀？/ 123

通货膨胀的类型 / 123

　　经济中出现通货膨胀的原因 / 125

　　通货膨胀的治理 / 126

开放经济面临的挑战 / 129

　经济全球化及其产生的相互依存关系 / 130

　　经济全球化 / 130

　　企业经营活动的相互依存性 / 132

　各国经济的相互依存性 / 133

　　各国经济相互依存性的含义 / 133

　　各国经济的相互依存性对国内经济的影响 / 135

　　各国经济的相互依存性对就业的影响 / 138

　国际贸易基础与国际贸易政策 / 143

　　国际贸易基础 / 143

　　国际贸易活动 / 144

　　物品的跨国流动 / 146

　　金融资本的跨国流动 / 148

　　国际贸易政策 / 149

　　汇率 / 153

　　外汇市场 / 155

　贸易逆差与汇率波动的影响 / 157

　　贸易逆差的影响 / 157

保护主义论战 / 159

　　汇率波动的影响 / 162

时间与风险——人生财富积累的思考 / 165

　投资与投机 / 166

　　人力资本投资 / 166

　　金融投资 / 167

　　投资回报 / 168

　　投机 / 169

　　风险与时间 / 170

　时间是最好的资本 / 171

　　利率变动对经济的影响 / 172

　　货币的时间价值 / 173

　　复利的作用 / 174

　别把鸡蛋放在一个篮子里 / 176

　　通过理财组合降低投资风险 / 176

　　明确自己是属于哪种类型的投资者 / 177

　　股市有风险，入市需谨慎 / 178

参考文献 / 179

"走进大学"丛书拟出版书目 / 181

我们为什么需要经济学?

经济学是一门使人生幸福的艺术。

——萧伯纳

当人们提起经济学时,通常会想到物价、货币、股票、汇率、市场交易、就业、国际贸易,以及国家经济实力和财富积累等术语,这些是经济学中出现频率很高的词语,经济学的研究范围非常广泛。

▶ 什么是经济学?

什么是经济学?对于这个问题,人们往往有不同的理解。有人认为,经济学是研究如何赚钱、致富的学问;也有人认为,经济学是研究"经邦济世"或"经世济民"的大学问;还有人认为,经济学是经济学家们研究出的一套

理论。不管人们如何理解经济学,它都与人们日常的经济活动密切相关。

★ 经济

在人类社会的发展中,使用"经济"一词来描述人类活动已有很长的历史。在中国,公元4世纪初的东晋时代已正式使用"经济"一词,其含义是"经邦""济世"或"济民"。现代社会使用的"经济"一词,受西方市场经济发达国家出版的英文书籍的影响,其本义是指对家庭财物的管理方法,特别是指对家庭收入来源的管理。到了近代,"经济"一词的含义扩大到治理国家的范围,即对国家、社会、企业资源的管理。

"经济"一词的内涵是节约、节俭、理财和效益,主要是指生产或生活上的节约、节俭。生产上的节约涉及资金、物质资料和劳动等生产要素的投入,要求用较少的投入获得尽可能多的产出;生活上的节约是指个人或家庭在生活消费上精打细算,用消耗较少的消费品最大限度地来满足自身的需要。因此,经济就是用尽可能少的人力、物力、财力、时间、空间获取尽可能多的成果或收益。

所以说,经济的本意不是如何赚钱,而是如何省钱。

只有知道如何节约并有效利用可以获得的资源,才能真正赚到钱。不计代价地去赚钱,是不可能赚到钱的。

★ **经济活动**

现实生活中,经济的作用体现在各类经济活动中。经济活动是人们为了满足自身需要,从事生产及其相应成果的交换、分配和消费的活动。经济活动大体上可以分为四种类型:生产活动、分配活动、交换活动和消费活动。这四类经济活动前后衔接,形成社会再生产过程的有机整体。

社会再生产过程是一个动态过程,其中,生产活动居于支配地位,决定着分配、交换、消费的数量和方式。生产活动的产品通过分配活动,在社会成员之间进行分配;交换活动通常是指社会成员之间在等值的基础上进行的商品交换行为;消费活动则是人类为了满足自身需要,消费各种物质和精神产品的行为。

社会再生产过程是一个循环往复的过程,生产活动是社会再生产过程的起点,消费活动是它的终点,分配和交换是联结生产和消费的中间环节。生产活动、分配活动、交换活动和消费活动之间既前后衔接又相互制约,只

有协调好它们之间的关系，才能保证社会再生产过程的顺利进行。

　　参与经济活动的个人或团体包括消费者、生产者、供应商、零售商、学校、政府机构、军队、运动队、社团组织，等等。这些个人和团体通常被称为经济主体，他们根据自己的选择进行决策，从而影响经济活动。消费者选择购买什么商品，在哪儿购买；生产者选择生产什么产品，如何生产，在哪儿生产；学校选择设立什么专业，招收多少学生；政府机构选择有限的财政预算如何在教育、医疗、国防、基础设施建设，以及扶贫之间进行分配。无论是经济个体还是经济团体，每天都在做很多选择。每天的时间预算是 24 小时，你要选择花多少时间工作、学习、吃饭和休息，花多少时间参与其他活动，经济学可以教会你如何使用经济思维，通过比较不同选择带来的成本和收益来做出最佳选择。

★ **经济学**

　　有关经济学的定义，不同的经典教科书中有不同的解释。英国经济学家阿尔弗雷德·马歇尔在其出版的《经济学原理》一书中认为：经济学既是一门研究财富的学问，也是一门研究人的学问，还是一门研究人类一般生活事务的学问。美国经济学家保罗·萨缪尔森在其出版的《经济学》一书中认为：经济学研究的是一个社会如何利用稀缺的资源来生产有价值的物品和劳务，并将它们在不同的人中间进行分配。美国经济学家约瑟夫·E.斯蒂格利茨在其出版的《经济学》一书中认为：经济学研究社会中的个人、厂商、政府和其他组织如何进行选择，以及这些选择如何决定社会资源的使用方式。

综合上述定义，经济学是研究在资源稀缺性的约束下人们的选择行为及其变化规律的科学。

尽管有关经济学的定义表述不同，但是它们都强调了三种思想：第一，经济学是有关人类选择的科学；第二，经济学是研究人类如何合理、有效地配置和利用稀缺性资源的科学；第三，经济学的研究对象是人类的经济活动及其规律。这三种思想都聚焦到人类社会为了维持社会再生产过程的正常运行而必须回答的几个问题上，即生产什么和生产多少？如何生产？为谁生产？

➡ **生产什么和生产多少？**

人们需要生产和消费的产品和劳务多种多样，诸如汽车、家用电器、住房、贺卡、服装、面包、电影、教育、理发、保险、卫生保健等产品和劳务是面向消费者生产的消

费品；飞机、计算机、钢材、玻璃、水泥、技术咨询、物流服务等产品和劳务是面向投资者生产的投资品。在这些产品和劳务中，一个社会必须决定，生产哪些产品和劳务，每种产品和劳务生产多少。我们应该利用稀缺性资源生产更多的消费品，还是更多的投资品？是决定生产更多的高档汽车和服装，还是生产普通汽车和服装？决定一个国家应该建造更多住房、制造更多汽车和服装还是生产更多粮食的因素是什么呢？这些有关生产的选择如何随着时间的推移而改变呢？技术的进步又如何影响这些决策呢？

➡ **如何生产？**

生产一种产品和劳务有多种不同方法，用煤炭发电、石油发电，还是用太阳能发电？生产过程中多用资本少用劳动，还是少用资本多用劳动？选择什么样的方法进行生产最为有效？一个社会必须决定由谁来生产，使用何种资源生产，采用何种技术生产。生产地点的选择影响着生产的效率，在靠近原材料的产地组织生产，不仅可以节省运输成本，还有助于掌控稀缺的战略性资源；在靠近产品市场的地方组织生产，不仅便于将产品打入市场，还有利于更快地掌握市场变化的信息。什么时候生产也是如何生产的问题范畴，许多生产活动具有明显的季节性规律,忙时需要加班加点,闲时需要减少生产,甚至暂时解雇工人。宏观经济的波动在很大程度上影响着生产的决策。在经济衰退和萧条时期,生产放缓,工作岗位减少;在经济快速增长和繁荣时期,生产规模快速扩张。

➡ 为谁生产?

这个问题涉及谁来享用经济活动的成果。生产出来的物品和劳务如何在不同的社会成员之间进行分配?收入和财富的分配是公平合理的吗?社会成员在市场上能够买到的产品和劳务的质量和数量主要取决于人们赚到的收入,公司高层管理人员的收入比一般企业员工的收入要高得多,公司高层管理人员获得的物品与劳务就要比一般企业员工多很多。因此,为谁生产的问题在很大程度上是一个收入分配问题。收入分配问题集中体现在收入的差距上,尤其是由此导致的贫富差距上。在不同时期,不同行业的收入、不同地区的收入、不同类型从业人员的收入,往往具有显著的差别,哪些因素决定了这些收入的差别?

▶ **你无时无刻不处于选择之中**

在日常生活中,人们几乎每时每刻都在进行选择。以到超市购物为例,你要选择买一箱特价的鸡蛋还是三

张音乐CD；付款时，你要选择用现金、信用卡，还是支付宝来结账。影响消费者做出选择的，不仅仅是他们的需要和支付能力，还有可供选择的范围，即可供选择的商品的供给。实际上，所有的经济活动和经济现象都涉及个体的选择。经济学研究的核心内容就是人们的选择行为及其变化规律。如果没有选择，也就没有了经济学。

那么，人们为什么要进行选择呢？这就要谈到经济学的一个重要概念：稀缺性。因为用于满足人们需要的资源是稀缺的，人们只有在有限的资源约束下进行合理的选择，才能更好地满足自己的需要。

★ **稀缺性**

稀缺性是指人们在获得所需要的资源方面存在的局限性，即资源的供给相对于需求在数量上是不足的。所有的经济问题都产生于资源的稀缺性，即人们的欲望超过了用来满足欲望的资源。

对任何人来说，属于他的时间是有限的，无论他的预期寿命有多长，总会感觉没有足够的时间从事工作、旅游、运动、读书和其他闲暇活动。人们的欲望不可能全部得到满足，这个现象叫作稀缺性。

对于任何人来说，由他来支配的收入是有限的。一种物品，只有当它具有稀缺性时，才能被认为是社会财富的一部分。所以，稀缺资源是指人们想要的数量超过能够得到的数量的任何东西。

在经济学中，资源是指用于生产其他商品的一切东西，既包括土地、矿藏、森林、水、鱼类等自然资源，也包括劳动力以及体现在劳动力身上的知识和技能，还包括由这些生产要素生产出来的又再用于生产过程的资本品，如机器、设备等。

如果资源的数量不能满足人类生产活动和消费活动的需要，该资源就具有了稀缺性。资源的稀缺性可以分为绝对稀缺性与相对稀缺性。资源的绝对稀缺性是指资源的总供给满足不了对资源的总需求；资源的相对稀缺性是指资源的总供给能够满足对资源的总需求，但分布不均衡造成了资源的结构性稀缺，即资源的稀缺性是局部性的。

我们常接触到的资源可分为两类：一类是可以随意得到任意数量的物品，如阳光、空气和海水，它们是不用付费的自由物品，是人们可以自然获得的物质生存资料，这类资源通常不会产生经济问题；另一类资源必须通过交易等手段获取，称为具有稀缺性的经济资源，或稀缺品，得到这些经济资源总是要付出某种代价的。

用于生产活动的经济资源是生产资源，也叫生产要素，主要包括：资本（其价格为利息）、土地（其价格为地租）、劳动（其价格为工资）。稀缺性的存在决定了人们在使用经济资源时不断做出选择，决定了生产什么，如何生产，为谁生产，以便能够更有效地利用稀缺的资源来满足自身的各种欲望。

我们每天都在同稀缺品打交道，而且还要从中做出取舍。在如何分配稀缺资源的问题上，我们经常碰到超出能力范围的难题，鱼和熊掌不可兼得。我们想要最大限度地得到更多的稀缺资源以丰富生活，同时只愿意付出最小的代价，这就是我们需要学习经济学的原因。经济学就是帮助我们这样的普通人，学会以最小的代价获得最大的收益的方法。

★ "取舍"选择与机会成本

在现实生活中，我们经常会碰到类似的"要么这样，要么那样"的选择问题，这类选择可以称为"取舍"选择。

"取舍"选择实质上就是将有限的资源配置到一种特定的用途上。一项资源有多种用途，选择一种用途的同时就意味着放弃了这一资源的其他用途，而其他用途产生的价值就构成了使用这一资源的成本，经济学将之称为机会成本。例如，你要配置的资源是时间，如果你选择去三亚，就放弃了在这段时间去峨眉山的机会，去峨眉山给你带来的享受就是你选择去三亚的机会成本。

在很多"取舍"选择中，被放弃的资源往往有多种用途。这时，机会成本就是人们做出一种选择时放弃的其他若干种可能的选择中最好的一种。需要注意，机会成本并不等同于实际成本，它不是在做出某种选择时实际支付的费用或损失，而是一种观念上的成本或损失。例如，当你选择去三亚而放弃去峨眉山时，虽然无法享受到峨眉山的美景，但这并没有让你产生实际费用。机会成本描述的只是在资源稀缺性的约束下，"鱼和熊掌不能兼得"的一种状态，是我们损失的机会的代价。

机会成本是经济学中一个非常重要的概念，也是经济学家思考问题的一个基点。它告诉我们，天下没有免费的午餐，获得的同时总要损失掉其他东西，或者说，有收益就必有成本。那么，怎样进行"取舍"选择才算正确呢？经济学认为，应当对比一项选择所产生的成本和收益的大小，只有收益大于成本时，该种选择才是明智的。由于这里的成本是机会成本，而机会成本又是在做出一种选择时放弃的各种其他选择的最大价值，因此，正确进

行"取舍"选择的原则就是选择能够使资源产生最大收益的用途。

由于人类的欲望是无限的,不管在哪个时代,也不论是发达国家还是发展中国家,人们能够得到的总是比想要得到的少,因此始终面临着资源的稀缺性问题。人们不可能随心所欲地生产,也不可能随心所欲地消费,必须在既定的资源约束下进行选择。不同的选择方式导致了不同的结果,各种不同的结果综合在一起,构成了我们的生活。

★ 选择的权衡与协调

因为我们在决策时要面对"得"与"舍",所以这种理性的选择就要求我们要学会权衡,并在众多个体的不同选择中进行协调。

我们在生活中做出的每一项决策或选择都会产生两种结果:一是成本,即我们需要为自己的决策付出的代价;二是收益,即决策给我们带来的好处。我们在考虑投资一个产业项目时,只有当这个项目带来的收益大于其成本时,才会选择去投资。我们用净收益表示收益与成本之差,净收益大于零,是我们做出选择的前提条件。我们面对多项选择时,在不同选择之间进行权衡,就需要比较每项选择的净收益大小。能够带来最大净收益的选择，通常是人们优先考虑的。

经济学在研究如何协调众多个体的不同选择时，通常会关注三个方面：一是个体的行为；二是群体的合作；三是这两种活动的结果。对个体行为的关注主要是指节约和权衡，而稀缺性使得节约成为必要。

群体经济合作的核心问题是如何让千千万万素不相识的人进行合作。人们可以通过参与协作过程来达到合作的目的。城市交通的例子能说明这个问题，当上班族规划行驶路线，考虑何时并线、何时加速或减速时，他们是在做选择。他们的行为通过一个过程得到协调，这个过程本身并不是所有人的行为的简单总和。没有人能通过群体合作来控制这个过程，然而这个过程却能协调全部个人决策。每个人都想到达各自的目的地，一路上都要不断做出决定，都在路上与他人进行协作，这种有序的情形是人们在各自追求自身利益的同时所产生的无意结果。

在现代社会中，专业化程度已经很高，专业化是增加产出的必要条件。但是，没有协作的专业化只能造成混乱，而不是产生财富。人们只是按照自己的资源和能力，

根据自己特定的计划追逐一己之利,与此同时,对旁人的利益、资源和能力几乎一无所知,而每个人自己计划的成功又有赖于与旁人的合作。在这样的社会里,每个人的生存都依赖于专业化和交换,成功的协作是一项复杂的任务。想想看,你穿的一件衣服是多少专业化劳动协作的结果。人们在追逐自身利益过程中的节约行为也为他人创造了多种选择机会,社会协作是对群体合作过程中产生的不断变动的净利益的互相调节过程。

同样的道理也适用于社会的其他方面。个体基于他们预期的净利益选择行为,这些行为又影响着他人面临的选择的相关收益和成本。当一项选择带来的预期净收益变大时,人们就会多做点;反之,人们就少做点。当人们用钱来衡量一项行为的收益和成本时,一点小小的变动就会使很多人改变他们的行为。这就是在分配各种稀缺资源时,社会成员之间合作的主要机制。

一个社会协调个体选择的方式被称为经济体制,主要有市场经济体制、计划经济体制和混合经济体制三种类型。市场经济体制是指以市场机制作为配置社会资源基本手段的一种经济体制。在这种经济体制下,市场经济中协调经济活动的就是价格。价格的协调方式既简单又直接:对于生产者来说,哪种产品价格高,就生产哪种产品；什么生产方式成本低，就用什么方式生产；对于消费者来说，哪种商品物美价廉，就购买哪种商品。计划经济体制也称指令性经济体制。在这种经济体制下，大部分关于生产什么、如何生产和为谁生产的决策都是由政府通过集中计划、指示和控制人们的行为来实现的。混合经济体制是指既有市场调节又有政府干预的经济体制。在这种经济体制下，决策者的动机和激励可以是经济的，也可以是被动地接受上级指令。

目前，世界上绝大多数国家的经济体制是混合经济体制，其中市场经济成分占有很大比重。经济学家普遍认为，市场是组织经济活动的一种好方法，对于经济学的研究也是以市场经济为背景而展开的。但市场不是万能的，当市场并不能实现资源的最优配置时，就需要政府的介入。因此，经济学也要研究政府什么时候应当干预市场，以及如何干预市场才能最有效地改善市场的结果。

▶ 经济学对于我们来说意味着什么？

"经济学"这个词有时会令人想到一堆枯燥的统计数据、专业术语和难懂的数学模型。其实经济学真正关心的，是如何帮助人们生存并保持健康和接受教育，人们如何满足需求，获得富足快乐的人生。如果我们可以解决

基本的经济问题,或许就能够帮助所有人过上更好的生活。

当某天,你发现自己开始衰老,逝去的岁月再也无法回头时,或许你才会真正地明白经济学的真谛。因为你开始思考生命的稀缺性和选择之间的矛盾了:一方面所拥有的时间和财富等资源十分有限,另一方面生存和生活的需求却是无穷无尽的。所以,如何利用有限的资源最大限度地满足自己的需求,就是一个正常人必须要考虑的问题。

经济学是社会科学当中最有实用价值的一门学科,即便你并不想做一名经济学家,学好经济学也是非常重要的。那么,经济学对我们来说到底意味着什么?

★ 经济学有助于我们认识这个复杂的世界

经济学对几乎所有社会科学,包括商学、法学、心理学、政治学和管理学都具有重要的意义。一旦掌握了经济学的分析方法和基础知识,我们的视野会变得豁然开朗,看清现实世界许多原本看不清的现象。

社会科学是研究人类各种社会活动和社会关系的理论及历史的多种学科的总称。社会科学研究的对象,除了经济活动和经济关系之外,还有政治、法律、军事、教育、道德、语言、艺术、民族、宗教、家庭等方面的活动和关系。在所有的社会活动和社会关系中,经济活动和经济关系起决定性作用,是其他一切社会活动和社会关系的物质基础。因而,除了哲学之外,经济学成为社会科学中的基础科学,成为人们认识社会必先掌握的思想武器。

经济学不仅能够帮助我们认识社会,还是我们改造社会的重要工具。一个社会从落后走向发达,人的观念是至关重要的,而在改进人的思想观念的知识中,经济学是最有力的一种。经济学从人的本性出发,研究人的选择行为如何影响到资源配置,社会财富生产遵循什么样的规律,怎样才能促使经济顺利发展,其所追求的终极目标之一就是在各种经济行为人做出理性选择的时候,整个社会能够实现"效率"。因此,如果大家都来学习和掌握经济学知识,并按照经济原则行事的话,社会效率就会提高,这样我们每个人都能从中受益。

★ 经济学有助于我们建立一种独特的思维方式

经济学家的思维,既要有实证分析,又要有规范分析;一方面要跳出现象看本质,另一方面又要在本质中精准把握现象。20世纪著名的经济学家凯恩斯对经济学家的这种特性有过精彩的描述:"一个杰出的经济学家,必

须是种种才能的结合,这一点是很难能可贵的。他必须在某种程度上是个数学家,又是历史学家、政治家和哲学家。他必须精通的是把他要说的话写下来。他必须善于运用思考力,从一般原则推断出个别现象,既要触及抽象的方面,又要触及具体的方面。他必须根据过去研究现在,推测未来。对人类性格及风俗习惯的任何方面,他都不应当完全置之度外。他同时必须保持着既不是无所为而为之,又不是不偏不倚的态度,像个艺术家那样头脑冷静和孤芳自赏,然而有时也必须像个政治家那样接近尘世环境。"

在掌握了经济学的基本原理后,我们会更好地理解经济学家思维中的如下特点:

• 强调选择,认为世上之事都是人们选择的结果,并且只有个体才能进行选择;认为个体是在权衡了收益和成本之后做出选择的。

• 强调个体的行为和群体的合作,以及两个方面的结果。

• 经济学对问题的描述:理想状态与现状的差距。人们的各种行动是为了实现某种目标,行动就是改变现状,目标就是实现理想状态。

• 世界上没有免费的午餐,任何选择都会产生机会成本,个人决策和政府的公共决策都必须考虑代价。

★ 经济学有助于我们更好地理解政府的经济政策

政府是经济中非常重要的一类个体。虽然经济学认为,市场是组织经济活动、协调个体选择的一种有效方式,但有些时候,市场会失灵,需要政府的干预。比如说制定最低工资法案,进行反垄断规制,开展生态环境治理,等等。例如,在劳动经济学中我们知道,一个健康、稳定、和谐的社会应该是一个财富分配较为均匀、中产阶级占绝大多数的橄榄型社会,而财富高度集中、两极分化严重的金字塔形社会无疑是一个"火药桶"。政府的政策应该是尽量促成一个橄榄型的社会,而不是有意或无意地加大贫富分化。同时,为了实现一个国家宏观层面的经济增长、充分就业、物价稳定和国际收支平衡四大目标,政府还需要制定货币政策、财政政策以及其他各种宏观经济政策。政府政策制定得是否得当,对一个社会的福利具有重大影响。

经济学研究的一个核心问题就是划分政府和市场的作用边界,说明哪些事情需要政府来做,以及如何来做。经济学为政府制定各类经济政策提供理论依据,而经济

学家作为政府的政策顾问直接参与政策的制定。不过，经济学通常都是从社会收益和社会成本的角度去考虑政策的，政府在制定政策时考虑的却不一定是社会的收益和成本，尤其是当个社会存在较大的利益冲突时，政府政策很可能会偏向特定的利益集团。因此，经济学理论和经济学家的政策建议有时会和实际的政策存在出入，这并不表示理论和建议的失效，只能说明政策的制定和实施过程中还有很多经济学家不能左右的因素。

不过，从长期来看，只有发现经济规律并按照经济规律办事，才能从根本上提高政策的效果，这正是经济学的作用。实际上，在现代社会，经济政策的制定越来越专业化，没有经济学思维和知识，很难理解现实中的很多经济现象和经济政策。对此，英国经济学家凯恩斯曾早有论断：经济学家和政治哲学家的思想，无论是对还是错，实际上都要比一般人想象得更为有力。所以，学习经济学可以帮助人们分辨什么是"比较好"的经济政策，什么是"比较差"的经济政策。

★ **经济学可以增加我们的人生智慧**

经济学不仅对社会重要，对个人也不例外。经济学有助于人们了解生活的世界，使人们更精明地参与经济活动，更有效地安排自己的生活。学习经济学虽然不能直接增加我们的货币收入，但是会增加我们的人生智慧。美国经济学家萨缪尔森（1970年诺贝尔经济学奖获得者）说过，学经济学并非要让你变成天才；但若不学经济学，命运就很可能会与你格格不入。我们不是为学经济学而学经济学，而是为了它给我们的启发而学。另一位美国经济学家布坎南（1986年诺贝尔经济学奖获得者）认为：研究经济学不会使你脱离领救济食物的穷人队伍，但是至少会使你了解你为什么会站在那个队伍中。

具体来讲，经济学的根本目标是揭示人类经济行为背后的规律，学习经济学能够帮助个人在更好地理解人类经济行为的基础上做出正确的决策。学了经济学之后，你就会知道：在不同行业工作获得的收入为什么大不相同，房价为何居高不下，等等。而知道了问题的来龙去脉，就容易找出解决问题的办法和努力的方向，自然就能做出正确的决策。

经济学还会使我们懂得用理性的方式来维护自身的利益。例如，学习经济学之后，我们知道如何更积极地规划自己的职业方向，培养自己的相对优势；知道如何分析房价变动的原因，从而采取等待或购买的策略；懂得哪些税负会对自己的收入造成重要影响，从而提前做出应对，等等。

21

经济学还有助于我们懂得人生，建立良好的人生观，处理好和周围人群的关系。经济学能帮助你看到别人看不到的问题的本质，能让你更加独立和自信。因为，你知道每个人不过是社会分工的一部分。经济学能让你变得更聪明，因为你知道诚信才是世界上最有价值的资源。经济学让你用功利的眼光看世界，你会更尊重财富，但你知道财富不过是人们获取幸福的手段。真正懂得经济学的人，是那些能够实现自己生活意义和人生价值的人。的确，经济学不能保证你富有、成功，但它能让你充满智慧和快乐。这是很多大学把经济学作为公共选修课的一个重要原因。

★ 经济学有助于我们理解和解决问题

经济学有助于我们解决问题、应对挑战。以问题为导向的思维，是经济学思维的一个重要特点。经济学在讨论问题时总是切合实际且生动有趣，这样理解起来更加容易。经济学可以当作解释人们做出选择决策的方式，并提供解决不同类型问题的一系列工具。经济学可以让世界更美好，同时引导人们就究竟什么是"更好"得出自己的结论。

任何一本有关经济学原理的教科书，都把传授解决现实问题的分析工具作为主要内容。书中通常包含大量引人入胜的相关案例和问题的讨论，以及分析工具的实际应用。将抽象的理论和概念具体化，通过有趣的问题展现出经济学如何与大众密切相关，分析并解决身边以及世界的难题，尽可能地通过案例来理解理论及其经济意义，是对经济学教科书的要求。

学习经济学，可以了解经济学家如何思考和解决问题。经济学家在面对新挑战时，通常会提出四个问题，并进行有条不紊的分析。第一，问题中涉及的欲望和限制是什么？这一问题引入了稀缺性的概念，它使我们批判性地思考在既定条件下驱动决策的偏好和资源。第二，权衡取舍是什么？这一问题关注了机会成本。它使我们在考虑任何决策时，能了解其中的权衡取舍，引导我们探讨边际决策、沉没成本、非货币成本以及折现。第三，其他人会如何反应？这一问题会使我们更关注激励，既包括对自己的激励，也包括对他人的激励，以及当激励变化时会发生什么。这一问题与市场供给和需求、弹性、竞争、税收以及货币和财政政策有关。第四，为什么其他人没有做这件事？这一问题与效率有关，它要求我们从市场能够提供人们想要的物品和服务这一假设出发，认真思考一下一些看起来很好的主意或计划为什么未能得到实施。

何为大师——诺贝尔经济学奖得主的故事

> 我们应有恒心,尤其要有自信心!我们必须相信,我们的天赋是要用来做某种事情的。
>
> ——居里夫人

诺贝尔奖是以瑞典著名的化学家、硝化甘油炸药的发明人阿尔弗雷德·伯纳德·诺贝尔(Alfred Bernhard Nobel)的部分遗产作为基金创立的,包括金质奖章、证书和奖金。

通常在每年的 10 月份,诺贝尔奖的评奖委员会公布的本年度诺贝尔奖各类奖项获得者的信息,都会吸引各国学术界、企业界、政府部门,甚至普通老百姓的关注。因为,这些获奖者是各个领域的佼佼者,他们因其对人类社会发展做出的突出贡献而获此殊荣。尤其是在物理学、化学、生理学或医学,以及经济学等科学领域,诺贝尔奖的获奖者堪称大师。

▶ 诺贝尔经济学奖的由来

阿尔弗雷德·伯纳德·诺贝尔是瑞典化学家、工程师、发明家、军工装备制造商和"黄色炸药"的发明者,于1833年10月21日出生于斯德哥尔摩,1896年12月10日逝世。诺贝尔一生拥有355项专利发明,并在欧美等五大洲20个国家开设了约100家公司和工厂,积累了巨额财富。1895年,诺贝尔立遗嘱将其遗产的大部分(约920万美元)作为基金,设立诺贝尔奖,分为物理学奖、化学奖、生理学或医学奖、文学奖及和平奖,旨在表彰世界各国在物理学、化学、生理学或医学,以及文学、和平等领域上对人类做出重大贡献的人士。1901年,在诺贝尔逝世5周年的时候,诺贝尔奖首次颁发。

诺贝尔经济学奖是诺贝尔奖大家族里的新成员,它的设立并不是阿尔弗雷德·伯纳德·诺贝尔的初衷。1968年,瑞典国家银行在成立300周年之际,捐出大额资金给诺贝尔基金,增设"瑞典国家银行纪念阿尔弗雷德·诺贝尔经济科学奖",人们习惯上称这个奖项为诺贝尔经

济学奖。尽管诺贝尔经济学奖不属于诺贝尔遗嘱中所提到的五大奖项领域之一，但其评选标准与其他奖项相同。

1969年，诺贝尔经济学奖首次颁发，由挪威人弗里希和荷兰人丁伯根共同获得，他们获奖的原因是对经济计量学的创立和发展做出了重要贡献，并发展和应用了动态模型来分析经济过程。

与其他领域的获奖者相比，诺贝尔经济学奖的获奖者具有以下特点：

• 具有丰富的实践经验。绝大多数诺贝尔经济学奖得主都在政府或其他组织担任过职务，这使得他们能更直接、全面地掌握经济研究的素材，使自身的研究更有针对性和科学性，其研究成果也能直接或间接地对国家经济政策施加影响。

例如，简·丁伯根、保罗·A.萨缪尔森、詹姆士·托宾、米尔顿·弗里德曼、威廉·阿瑟·刘易斯等都曾是政府或国际组织（如欧洲钢铁工业联盟、世界银行、联合国等）的顾问，贝蒂尔·俄林是瑞典自由党的主席，道格拉斯·C.诺斯是捷克政府推动私有化进程的顾问。

• 成果需要较长时间的检验。瑞典皇家科学院并不急于把诺贝尔经济学奖授予最新的经济理论成果。成果获奖时间一般要比成果完成时间晚 15 年以上。例如，1999 年度获奖者罗伯特·A.蒙代尔赢得奖项的两项成果，早在 20 世纪 60 年代初就已公开发表，后被近 40 年后发生的两大事件(1997 年爆发的亚洲金融危机和 1999 年初欧元正式启动)验证。

颁奖时间的有意滞后，还可从获奖者的年龄看出。诺贝尔经济学奖的获得者平均年龄在 65 岁以上，而物理学奖的获得者平均年龄为 52 岁。

• 注重经济学的实证分析。现代经济学的研究广泛运用数理方法，并借助计算机等手段进行经济分析，有效地扩展了经济学家对现实的认识和判断能力，从而提高了经济理论的严密性、精确性、逻辑性和可操作性。

自 1969 年设立奖项以来，评选委员会就敏锐地觉察到了这一特点和趋势，并在颁奖时有意识地加以引导。在 86 位诺贝尔经济学奖得主中，有相当一部分早年受过专门的数学训练。

• 偏重于交叉学科的研究成果。现实社会经济问题往往是各方面因素交织的结果。瑞典皇家科学院在考察获奖对象的成果时，对拓展经济学领域的研究给予了更多的关注。

例如，模型和数理分析方法在诺贝尔经济学奖得主的经济学研究成果中起了重要的作用，形成了文理交叉的"数理经济学"。拉格纳·弗里希、丁伯根、劳伦斯·R.克莱因和特里夫·哈维默致力于将经济学与统计学结合在一起，创立和完善了"经济计量学"。

• 把社会作为实验室展开研究。经济学研究的是人的行为。与自然科学的研究从实验室的反复实验中收集数据不同，经济学的研究通过观察社会、分析人的行为及其变化规律，来揭示经济现象背后的事实，从而获得对经济问题或经济现象的理论解释。

有些人不能理解，经济学为何可以作为一门"科学"而在诺贝尔奖中占据一席之地？毕竟，经济学家没有实验室去做实验，他们并不分解有机物或无机物，不改变这些物质的物理环境，也不测量各种变化产生的结果。其实，经济学家是把整个社会当成他们的实验室，而社会则把人类提供给经济学家做实验，让经济学家进行观察，从而得知人类是如何随着世界的变化而做出相应的反应。

在这个无所不包的实验室里，经济学家的科研步骤和物理学家十分相似。首先，经济学家提出一个理论假设,暂时解释人们对于某种刺激的反应;接着,观察人们在不同的经济状况下的行为,测量结果,记录数据;然后整理数据,并验证先前所做的假设是否成立。如果假设成立,则可以得出一个能够解释世界究竟是如何运转的经济法则或者原理。

诺贝尔经济学奖得主们就是将人们的兴趣及其探求活动合理化,他们的研究鞭策着那些勤于思考的人们,指引着他们对经济世界进行更深层次的探索。经济学家们发表的看法可能和每个人的生活都息息相关,他们关注平民百姓的福利,用自己的聪明才智为人类社会的进步努力工作。

▶ 诺贝尔经济学奖得主的故事

截至 2020 年,已有 86 位经济学家获得诺贝尔经济学奖。研究其中任何一位经济学家都是一项宏伟的工程,要想用某个单一的标准来衡量他们是不可能的。这些获奖者在世界范围内都颇具影响,他们的成长经历和取得的突出成就,可以写成丰富多彩的励志故事。限于篇幅,我们只能选择六位获奖经济学家,将他们的故事介绍给大家。

★ 才华横溢的萨缪尔森

保罗·萨缪尔森是美国当代著名经济学家，1970年诺贝尔经济学奖获得者，也是获此殊荣的第一位美国人。

萨缪尔森1915年出生于美国印第安纳州。童年的萨缪尔森聪明活泼，善于思考，他看问题比同龄的孩子深刻、全面。在小学、初中、高中阶段，他接连跳级，15岁就考上了美国芝加哥大学，专修经济学。进入大学后，他高效率地利用时间学习，博览群书。他爱好广泛，课余时间常把做高等数学习题作为自我消遣活动。1936年获得哈佛大学硕士学位，1941年获得哈佛大学博士学位。1940年，他在麻省理工学院担任经济学助理教授，1944年晋升为副教授，1947年晋升为教授。

萨缪尔森积极参与学术活动和社会活动。他是美国艺术科学院的成员，美国哲学会和英国科学会的会员。1951年担任经济计量学编辑委员会的会长，1961年担任美国经济学会会长，1965—1968年担任国际经济学会会长。萨缪尔森还在多个领域担任顾问：1941—1952年以及1961—2009年，担任美国财政部顾问；1941—1943年，担任美国国家资源计划局顾问；1965年开始担任联邦储备银行的顾问；1949—1975年担任兰德公司的顾问。此外,他还当过参议员、总统候选人,以及肯尼迪的经济顾问。

萨缪尔森最重要的理论著作是《经济分析基础》(1947);最畅销的著作是《经济学》(1948),此书针对经济理论问题的发展不断进行补充、综合,一经出版就立即脱销,许多国家的出版商不惜重金抢购它的出版权,并迅速翻译成日、德、意、匈、葡、俄等多种文字,很快成为一本被数百万名大学生奉为经典的教科书。他的这本著作第一次系统地将西方经济理论带进中国,并使这种思考方式和视角在中国落地。

在《经济学》一书中,萨缪尔森指出经济学在社会科学中居于首要地位。他把经济学归纳为:研究人和社会如何做出最终抉择,使用稀缺的生产性资源生产各种商品,并把商品分配给社会的各个成员或集团以供消费之用。经济学可用于分析改善资源配置形式所需的代价和可能得到的利益,以便为个人和社会做出最终抉择提供科学的基础。

萨缪尔森认为,经济学是一门将文、理两科优点加以合并的学科,与心理学、社会学、历史学等其他社会科学有互相重叠之处。他在《经济学》一书中指出,每个经济

社会都必须以某种方式解决三个基本经济问题：在可能生产的物品和劳务中，生产什么和生产多少？如何利用经济资源来生产这些东西？为谁生产这些东西，即收入如何在个人和各阶级之间进行分配？萨缪尔森在《经济学》一书中陈述的主要观点，可以归纳为四个方面：第一，主张总支出水平取决于储蓄和投资的相互作用，以及市场调节与政府干预的结合；第二，主张各种类型的社会经济制度都具有一定的优势；第三，主张财政政策与货币政策协调作用；第四，主张宏观经济理论与微观经济理论的相互支持、照应与配合。

推动经济学研究的数理化分析，是萨缪尔森的另一项突出贡献。这一成就集中反映在他的另一部代表作《经济分析基础》中。这本书从数学角度综合了微观经济学的各个领域，为微观经济学建立了统一的数理基础，提出了进行理论研究的数学工具。萨缪尔森把经济学区分为静态均衡分析、比较静态分析和动态分析。他认为生产理论、消费理论、国际贸易理论中的静态均衡分析，其数学本质就是极值问题，可以用数学模型表达出来。萨缪尔森进一步分析了动态过程中一般均衡的稳定条件，指出应当以非线性的微分-差分方程组作为分析动态过程的基本数学工具。

在萨缪尔森获得的各种荣誉中,最令他激动的是成为获得诺贝尔经济学奖的第一个美国人。他从斯德哥尔摩领奖回到纽约时,激动地说:"我可以告诉你们,怎样才能获得诺贝尔奖,诀窍之一就是要有名师指点。"他没有忘记精心栽培他的汉森·阿尔文教授。

★ 一般均衡理论的佼佼者希克斯

约翰·希克斯,英国著名经济学家,1972年诺贝尔经济学奖获得者,一般均衡理论模式的创建者。

1904年4月8日,约翰·希克斯出生在英格兰中部的瓦尔维克郡。1921年,他跳级考上了大学,来到布理斯特尔市,在克里夫顿学院攻读经济学。随后转入牛津大学所属的巴利奥勒学院继续学习经济学,1926年获得硕士学位,1932年获得牛津大学经济学博士学位。经济学在牛津大学非常具有"社会性",比较强调关注社会的实际问题。这门学科启发了希克斯对劳动问题的研究兴趣。1925—1926年,他曾在G. D. H. 科尔的指导下研究劳动经济学。1926—1935年,希克斯到伦敦经济学院任助教,后来又任讲师。在伦敦经济学院期间,希克斯发表了他的第一批学术成果,逐渐成长为一名颇有理论建树的经济学家。

1935年,希克斯受英国剑桥大学的邀请,任研究员和大学的讲师,直到1938年。1942年,希克斯成为英国科学院院士。第二次世界大战后,各国都想振兴经济,为此,他写了《战后的世界经济复兴》一文,准备在哥本哈根举行的经济学年会上发表。但在会上,他认为自己的见解还欠斟酌,没有上台讲演。回国后,几经修改,文章才刊登在1947年的《经济学》杂志上,这体现了希克斯严谨的治学精神。

1948年,希克斯成为瑞典皇家科学院院士,1952年成为意大利林西科学院院士,1958年成为美国科学院外籍院士和牛津纳菲尔德学院名誉委员,1971年成为剑桥冈维尔和凯恩斯学院名誉委员。1961—1962年,他出任英国皇家经济学会会长。由于在经济学方面的造诣和社会上享有的盛誉,1964年他被授予勋爵称号。

希克斯涉猎经济学的许多领域,在工资理论、货币理论、一般均衡理论、福利经济学、社会会计学、经济周期理论、国际贸易理论、消费者理论、经济增长理论、经济学方法论和资本理论等方面均有造诣。在一般均衡理论方面的开创性研究之所以成为希克斯获奖的原因之一,是因为均衡分析是经济学领域的一个重要分析手段。希克斯做出的另一个重要贡献,是在福利经济学领域的研究上。

福利经济学的研究关注人们福利是否提高,资源是否得到了最有效的利用;面临着一项政府的新政策时,人们是否获得了均等的机会,是全体民众的福利都得到了相等的提高,还是有高有低,从而判断政府的一个政策是否比另外一个要好。因此,福利经济学在指导政府制定政策方面有重要的实用价值。

希克斯是经济学很多领域至今仍在使用的术语、概念、分析工具的首创者。他不属于某一个经济学派,但他创立的那些术语、概念被各个学派的经济学家使用。正因为如此,希克斯被称为"经济学家的经济学家"。

★ **经济自由的倡导者米尔顿·弗里德曼**

米尔顿·弗里德曼,美国著名经济学家,货币主义的创始人,1976年诺贝尔经济学奖获得者。

弗里德曼于1912年7月30日出生在美国纽约市。他特有的分析能力、计算能力、想象力和记忆力,使他跳跃式地完成了初等教育,年仅15岁就考上了美国罗特格斯大学专修经济学,1933年获得芝加哥大学经济学硕士学位。1935年,弗里德曼受聘于美国国家资源委员会,担任经济学副研究员。1941年,弗里德曼应美国政府邀请,任财政部赋税研究署首席经济顾问;1946年获芝加哥大

学经济学博士学位；1965年，任美国经济学会会长；1948—1977年任芝加哥大学经济学教授。

弗里德曼是新自由主义的主要倡导者之一，强调自由市场机制的作用，反对国家过多干预经济，强调货币在经济波动中的作用，提出了单一规则的货币政策主张、"永久性收入"假说、"自然失业率"假说和适应性价格预期，创立了名义收入货币理论。

1976年，瑞典皇家科学院认为弗里德曼在消费分析和货币历史与理论方面的成就及论证稳定经济政策的复杂性方面有独到见解，授予他诺贝尔经济学奖。1977年1月，弗里德曼宣布退休。当斯坦福大学邀请他做该校胡佛研究所高级研究员时，他接受邀请，致力于推动货币主义理论通俗化、大众化，将其在电视台进行的十次讲演稿汇集起来，写出了一本关于货币主义理论的通俗读物《自由选择》，还把该书改编成为人们喜闻乐见的电视剧本，使之家喻户晓。

1992年获诺贝尔经济学奖的加里·贝克尔形容：弗里德曼可能是全球最为人知的经济学家，他能以最简单的语言表达最艰深的经济理论；他亦是出色的演说家，能随时即席演说，极富说服力。香港科技大学经济发展研究中心主任雷鼎鸣形容弗里德曼思考快如闪电:"无人敢说辩赢了他,因为与他辩论过已是无上光荣,没有多少人能与他说上两分钟。"

弗里德曼对中国有着浓厚的兴趣,他分别于1980年、1988年、1993年三次来华访问。在他与夫人罗斯合著的自传《两个幸运的人》中,除了美国之外,占据篇幅最大的国家就是中国。他在自传中写道:"对中国的三次访问是我们一生中最神奇的经历之一……"

1980年,受中国社会科学院世界经济研究所的邀请,弗里德曼第一次访华。当时的中国,改革开放的进程刚刚开始,人们只是知道过去的道路是行不通的,对未来要走的道路还处于摸索中,对市场经济体制的运作方式基本上一无所知。弗里德曼就世界经济、通货膨胀、计划经济社会中市场的运用等问题发表演讲。1988年,弗里德曼第二次访华,在各地走访了许多正在蓬勃发展的商品市场后,感受到了中国经济发展的生机和活力。由于访问的范围更广,弗里德曼得以对中国有了更深入的观察和了解。1993年,弗里德曼第三次访华,除了北京和上海以外,他还访问了成都和重庆等地。私营企业、民间商业的发展给弗里德曼留下了深刻的印象。在三次访华中,弗里德曼近距离地观察了一个从计划经济体制走向市场

经济体制的社会的变迁过程,他尽力向中国人介绍了他关于自由市场制度的知识,表达了自己的思想观念。作为一个经济学家,他在世界范围内的影响力也扩展到了中国。

弗里德曼的理论具有两个重要特点:坚持经济自由,强调货币作用。其著作《自由选择》阐述了经济自由主义与经济增长及社会政治安定的关系,指出了凯恩斯主义所主张的国家干预经济的政策的种种弊端。弗里德曼逐一考察了价格在组织经济活动方面所起的三个作用:一是传递情报;二是对利用资源进行生产提供刺激;三是决定收入分配。他认为,价格的这三种作用紧密结合在一起,就可以成为协调微观经济活动的完美机制。弗里德曼高度赞扬亚当·斯密对"看不见的手"所做的论述,并将其作用范围扩大到所有社会领域,认为一切社会秩序的形成,包括语言、文化、社会习俗的产生,都是通过人们的自愿交换与合作发展起来的。

弗里德曼在《自由选择》一书中讨论了通货膨胀的原因和治理方法,由此简明地阐述了现代货币主义的基本主张。他认为,货币只是一种被大家共同接受的交易媒介,其价值是虚构的。如果货币数量增加的速度,超过能购买到的货物和劳务数量增长的速度,就会发生通货膨胀。所以,"严重的通货膨胀无论在哪里都是一种货币现象"。他认为,根治通货膨胀的出路是减少政府对经济的过多干预,控制货币增长。弗里德曼提出的理论对西方经济理论发展和西方国家的政策制定产生了重要的影响,是20世纪最有影响力的经济学家之一。

★ **发展经济学的先驱威廉·阿瑟·刘易斯**

威廉·阿瑟·刘易斯,美国著名经济学家,1979年诺贝尔经济学奖获得者,也是第一个获此殊荣的黑人经济学家。

1915年,刘易斯出生在原英属西印度群岛的圣卢西亚岛(现为圣卢西亚共和国)卡斯特里的一个黑人移民家庭,父母亲都是中学教师。1932年,刘易斯参加了圣卢西亚政府学者资格考试,被选送进入英国伦敦政治经济学院学习经济学。1937年刘易斯获得了伦敦经济学院商学学士学位,1940年他获该校产业经济学博士学位并留校任教,先后任助教、讲师。当时,聘请一位黑人青年到英国大学任教是极罕见的,刘易斯的任命曾在各大学引起了轰动。但是他的才智终于战胜了社会上的偏见,1948年,年仅33岁的刘易斯到曼彻斯特大学担任斯坦利·杰文斯政治经济学讲座教授,开始系统研究发展经济学。

1963年,刘易斯到美国普林斯顿大学任教。从1968年起,他在该校的伍德罗·威尔逊学院担任詹姆斯·麦迪逊政治经济学讲座教授。

刘易斯不仅是一位经济学家,也是一位著名的社会活动家。他一生中担任过许多重要的行政职务和社会职务,其中包括:1943年,他被英国政府任命为英国殖民地经济顾问委员会的负责人,1951年任联合国总部不发达国家专家小组成员,1953年任黄金海岸政府顾问,1955年任尼日利亚政府顾问,1957—1958年任加纳共和国总理经济顾问,1959—1960年任联合国特别基金的代理人,1966—1973年任加纳大学校长,1970—1974年任加勒比开发银行总裁,1982年任美国经济协会会长。

刘易斯致力于发展经济学领域的研究,他最著名的发展经济学著作是《劳动无限供给条件下的经济发展》(1954)和《经济增长理论》(1955)。刘易斯最著名的贡献,是他针对发展中国家经济问题提出的二元经济模型:封闭经济中的二元结构模型与开放经济中的二元结构模型。该二元结构模型有三个假设前提:劳动无限供给,即劳动与其他生产要素相比数量如此之多,使得劳动的边际生产率等于零,甚至在工资降低到仅够维持生存的水平的时候,劳动的供给仍然超过需求。二元经济结构,即国民经济中同时存在两个性质不同的部门：一个是以现代化方法进行生产的资本主义工业部门，另一个是以传统方式为基础的农业部门。刘易斯认为，在不发达经济的两个部门中，只有现代化的城市工业部门是增长的主导部门，农村中的传统农业只是被动地起作用。工业部门的增长动力来自资本积累，资本积累来自利润的再投资，利润又来自对剩余劳动的有效利用。他将经济发展过程分为两个阶段。在第一阶段，由于工业资本不多，无力吸收全部剩余劳动，因此无论对劳动力的需求怎样扩大，总能在不变的低工资水平上源源不断地得到劳动供给。这样工业总产值中利润部分的增长速度将大大超过工资部分的增长速度。在第二阶段，劳动等生产要素的供给弹性很低，工资也不再固定不变，技术进步的利益也不全部归于利润，两个部门的收入随着劳动边际生产率的提高而上升，二元经济也逐步变为一元经济。

在西方经济学界，以往的著名理论大都从发达国家的利益出发，以分析发达国家经济为对象。刘易斯是第一位比较系统地分析不发达国家或发展中国家经济增长，为落后国家出谋划策的经济学家。他的分析对于发展中国家确定发展方式，制定适合国情的经济政策有着一定的指导意义。刘易斯不仅在经济发展理论中做出了

开创性的贡献,而且对推动经济发展也做出了实际的贡献。因此,1978年他被英国女王晋封为勋爵,并在1979年与美国经济学家西奥多·舒尔茨共同获得了诺贝尔经济学奖。

瑞典皇家科学院的公告称:"刘易斯研究了发展中国家人口贫困的原因和对不满意的经济发展速度有基本意义的问题。他为了描写和说明不发达的内在问题而设计的他的两个著名理论说明模型,赢得了高度赞扬,引起了广泛的科学辩论。这些模型也是证实其现实主义结构和有用性的经验检验的题目。"诺贝尔奖评选委员会也指出,刘易斯与舒尔茨都"深切关心世界的贫穷和需要,致力于寻求摆脱不发达状态的道路",为各国经济发展政策的选择做出了贡献,他的二元结构理论后来为当代经济学家广泛引证。

作为一个黑人学者,刘易斯任职之多、阅历之广、名声之大是少见的。他由于获得了崇高的荣誉而备受许多发展中国家的尊重,不少发展中国家聘请他当经济顾问,一些关于发展中国家经济发展的会议也往往少不了邀请他参加,而他本人也一再宣称是代表第三世界经济利益的。刘易斯的二元经济理论,对于正在崛起的中国制定经济发展政策具有借鉴意义。

★ 经济预测的泰斗劳伦斯·克莱因

1980年10月,当瑞典皇家科学院宣布美国宾夕法尼亚大学的劳伦斯·克莱因教授获得诺贝尔经济学奖时,经济学界普遍有一种他终于得奖的感觉,因为此前克莱因已接连几届被提名。当时,世界经济正处于不景气时期,人们对经济预测的作用充满怀疑,以计量经济模型和经济预测研究而出名的克莱因获奖,无异是对经济预测工作的肯定。

1920年9月14日,劳伦斯·克莱因出生在美国内布拉斯加州的奥马哈市。1942年,他以优异的成绩毕业于加州大学伯克利分校后,进入麻省理工学院学习,受业于萨缪尔森。两年后,克莱因便成为麻省理工学院开院以来首位经济学博士。克莱因选择进入经济学的世界,是因为他经历了经济大恐慌,他渴望了解周遭究竟发生了什么事。他回忆,在那个年代,人们心里充满了苦闷,很容易因经济生活的问题而丧失斗志。就算是年轻人,也感觉不到有机会在等着他们。

克莱因在求学时期,脑海里就一直浮现一个想法,即数学可以被应用到经济问题的分析上。他在大学所修的课程,大部分不是数学就是经济学。他充分利用了20世

纪 40 年代初期加州大学伯克利分校的绝佳资源：一流的经济学系、数学系以及数理统计系。其后，克莱因获得了麻省理工学院奖学金，在麻省理工学院，他遇到了经济学天才萨缪尔森。一开始，克莱因在萨缪尔森手下担任研究生助理，透过数学与政策应用，克莱因面对两项挑战：一是要让这种宏观经济学的思考方式为人们所广泛接受；二是要让数理方法成为经济学的一种研究方法。尽管他的尝试曾遭受激烈反对，但这两项挑战都成功完成了。当萨缪尔森的《经济学》成为经济学普遍使用的入门教科书时，经济学专业的课程逐渐转向数理的研究方法，学生毕业后的教学或研究都循此脉络，数理方法在经济学研究中的应用得到确立。

麻省理工学院的岁月，是克莱因进入经济学专业的起步。离开麻省理工学院后，他前往芝加哥大学的考列斯委员会任职。在考列斯委员会从事研究工作时，他不但产生了对计量经济学的兴趣与信心，更坚定了"学以致用"的研究路线。克莱因决心将经济学带出学术的象牙塔，运用当时新发展出来的计量经济学方法来研究宏观经济活动，进而预测未来。由于他的工作能够满足工商企业和政府部门对经济学的期望与要求，很快便受到各界关注。1950 年，克莱因出版的《1921—1941 年的美国的经济波动》很快成为畅销书。随后,克莱因又先后为世界各国建立无数的计量经济模型。

1948年,克莱因离开芝加哥大学的考列斯委员会后,进入美国全国经济研究局继续从事研究工作。1951年,克莱因正式开始其教学生涯,首先执教于密歇根大学,主持经济系"数量经济学研讨会",并积极参与该校"抽样研究中心"的研究工作。1958年,克莱因进入宾夕法尼亚大学担任教职,并于1968年升任该校的"富兰克林讲座教授"。

克莱因的学术成就可概括为对经济理论、计量经济方法、宏观计量经济模型的建立与应用,以及对联结计划的贡献。在经济理论上,克莱因是一位凯恩斯经济学的坚定信仰者,他虽然一再强调凯恩斯理论的优越之处,但同时也指明凯恩斯理论的若干不足。他认为凯恩斯理论必须加以修正和扩展,方能显现出实用价值。在对计量经济学的贡献上,克莱因撰写的论文数量多且范围广,几乎涵盖了每一类相关研究。他探讨了微观经济学与宏观经济学的联结问题,通过对生产设备利用率问题的研究,建立了一套衡量设备利用率的指数,用来开展经济景气与经济预测的研究工作。克莱因是宏观计量经济模型方面的权威,在他的领导和影响下,宾夕法尼亚大学的经济

学研究所成为国际上研究计量模型的重要基地,他也赢得了"计量经济学先生"的称呼。

★ "欧元之父"罗伯特·蒙代尔

1999年,20世纪最后一位诺贝尔经济学奖授予了美国经济学家罗伯特·蒙代尔,以奖励他"对不同汇率制度下的货币和财政政策的分析以及对最优货币区的分析"。蒙代尔被人们尊称为"欧元之父",不仅是因为他在1961年的论文中提出了最优货币区问题并奠定了基本的分析框架,还由于他对欧元和国际货币体系若干重要问题的卓有成效的研究。

1932年10月,罗伯特·蒙代尔出生在加拿大安大略省。1956年,罗伯特·蒙代尔毕业于麻省理工学院,获得经济学博士学位。1974年,罗伯特·蒙代尔到哥伦比亚大学任教,并一直在哥伦比亚大学担任经济学教授。罗伯特·蒙代尔曾担任多个国际机构及组织的顾问,这些机构及组织包括联合国、国际货币基金组织、世界银行、欧洲委员会、美国联邦储备局和美国财政部。

早在20世纪60年代,罗伯特·蒙代尔就富有远见地预言,在一个更加开放的经济体系中,汇率变动和资本高度流动对经济政策会产生极大影响。他以一篇论及

"最适当货币区"的文章奠定了欧元理论,最终促使欧元顺利出台,因此被尊称为"欧元之父"。20世纪70年代中期以前,世界多数国家采用的是"布雷顿森林协议"制定固定汇率政策。罗伯特·蒙代尔对浮动汇率及资金高度流动的研究取得突破性进展,他除了考虑一个国家应在何时放弃本国货币外,还阐明了不同汇率体系采取不同政策的意义。如果推行浮动汇率,货币政策将扮演主导角色,财政政策只起辅助作用;但若采用固定汇率,情况则相反。1971年,时任美国总统尼克松宣布美元与黄金脱钩,布雷顿森林体系瓦解,世界进入浮动汇率时代。历史演变体现了蒙代尔的远见卓识。

1998年,席卷整个亚洲并影响世界经济的金融风暴迫使各个国家开始重新审视本国的金融制度,在开放条件下如何促进各国金融市场的稳定和完善成为大家关注的焦点。与此相关的汇率制度、资本市场的开放程度和财政与货币政策的有效性等问题受到重视,而这正是蒙代尔的研究领域。

蒙代尔与中国关系密切。2013年,蒙代尔公开提出,国际货币基金组织应将人民币纳入特别提款权(SDR)机制,在未来和美元、欧元一起组成一个全球性的多元化"DEY体系",以构建更加稳定和公平的世界汇率机制。

当年,蒙代尔还预言,中国将在 2025 年成为世界上最大的经济体。蒙代尔在 2010 年接受专访时表示:"面对金融危机,我认为中国政府做得特别好,没让人民币升值,而是让人民币币值稳定。"蒙代尔说,在后金融危机时代,中国会提升人民币的作用,而这种作用的提升是自然而然的,中国对于亚洲经济具有重要的建设性作用,在世界经济中也扮演着重要角色。

蒙代尔生前曾多次参加在中国组织的会议、演讲和论坛等,并且得到了北京市政府颁发的永久居留证,成为第一位正式取得北京"绿卡"的美国经济学家,与北京这座城市结下了不解之缘。2007 年,在"中国交通金融发展"论坛上,蒙代尔以"世界经济中的中国宏观经济政策"为题发表演讲,拉开了论坛序幕。同时,他还与论坛嘉宾一起讨论了中国金融改革对交通行业发展的宏观影响、人民币汇率变动和自由兑换以及中国的外汇储备等问题,并回答了现场师生们提出的问题。同年,由蒙代尔担任名誉校长的蒙代尔国际企业大学金融学院在北京金融街成立,为中外金融业搭建了一个新的沟通、交流与学习的平台。蒙代尔长期关注中国的改革,曾于 1995 年在中国人民大学做过 4 个月外教,发表了《过渡经济中的货币和金融市场改革:中国个案》《体制转轨国家的通胀和增长》等论文。他认为，人民币应以不变应万变，如果人民币升值，将加速通货紧缩、减少外国对中国的直接投资、降低利润率、增加失业和财政赤字；如果人民币贬值，将会给周边国家造成问题，因为中国已经是地区重要的经济力量。

罗伯特·蒙代尔不仅是出色的理论经济学家，而且是世界上曾经对政策的制定产生过直接影响的少数经济学家之一。2012年，蒙代尔应邀到中国证监会，就美元、欧元、人民币和世界货币资本的未来发表演讲，首次提出"创建以美元欧元人民币联盟的世界货币 DEY-INTOR"，以提高全球经济一体化的效率和应对未来国际货币危机。这一设想的主要内容是建立一个美元、欧元和人民币的三方汇率稳定机制，即将人民币纳入欧元和美元的汇率稳定机制中，建立一个货币区域。在这个区域内，由三方货币当局共同组成一个委员会，对各种共同需要协调的货币政策进行管理，建立一种集合货币政策的协调机制，以保持欧元和美元的汇率稳定。蒙代尔进一步建议，将日本、俄罗斯和英国的汇率也和"DEY"体系联系起来，形成一个新的全球货币体系雏形。同时他还建议，这样的国际货币体系由国际货币基金组织（IMF）创设并由所有成员共享。

什么是经济学？

经济学的学科范畴与知识体系

如果学生能在经济学课程中真正理解成本的所有各个方面，那么，这门课程就算取得了真正的成功。

——约翰·莫里斯·克拉克

▶ 经济学是科学吗？

★ 经济学的科学属性

经济学是一门社会科学，而且是社会科学中最引人注目的一个学科，被誉为"社会科学的皇冠，最古老的艺术，最新颖的科学"。经济学家致力于将人们的兴趣及其探求活动合理化，尽管不同经济学家的特长和关注点不同，但是他们始终在探求和改善经济发展的道路，为人类社会的进步努力。

经济学用科学的观点研究选择问题,这意味着它建立在对选择问题的系统探索之上。这种系统探索包括形成理论和检验数据。理论是逻辑推理,一种理论包括一组假设和从这些假设导出的结论。如果假设是正确的,那么结论也是正确的。经济学家用经济学理论来进行预测,他们可能想要预测:"税收增加或限制外国汽车进口会产生什么结果?"根据理论得出的预测则是:"如果税收增加,并且市场是竞争的,那么汽车进口量将会下降,价格将会上升。"

经济学是一门不断演化和发展的科学。随着社会经济的发展,新的经济问题不断出现,其研究范畴和应用领域越来越广泛。除了传统的经济学领域之外,许多新的相关研究领域逐渐受到重视,例如,环境经济学、行为经济学、教育经济学、公共经济学、医疗经济学、信息经济学等。在这本作为经济学入门的书中,我们也许只会简略提到这些领域。但是,只要读者能仔细读完本书就可以体会到经济学并非只探讨"赚钱"的问题,其内容应该涉及许多相关的研究领域。

★ 经济学与自然科学

经济学可能是社会科学中最接近自然科学的学科之一。经济学家通常不用实验仪器或去实验室做实验,他们并不研究化学物质的分解,也不分析这些物质的物理环境。实际上,经济学家是把整个社会当成他们的实验室,而社会则把人类提供给经济学家做实验,让经济学家进行观察,从而揭示出人们如何随世界的变化而做出相应反应的规律。

就像工程师建立不同的实物模型来研究汽车的某些特征一样,经济学家建立经济模型,用文字、图表、变量或方程来研究经济的某些特征。经济变量是任何可以被度量并且变化的量,价格、工资、利率、成交量等都是变量。一个经济模型可能描述变量之间的数量关系,或者做出一般性的预测。当经济学家发现变量之间具有系统性的关联时,他们就要问:这是偶然现象还是确实存在某种关联?

经济学家利用统计检验方法来测定和检验变量之间的相关性。例如,考察确定一枚硬币是否均匀,你可以投掷一枚硬币 10 次,假设有 6 次为正面,4 次为反面,你能认为这枚硬币是均匀的吗?统计检验会告诉你,6 正 4 反的结果不能证明这枚硬币是不均匀的。但是,如果你投掷一枚硬币 100 次,有 80 次是正面,统计检验就会告诉你,如果硬币是均匀的,出现这种情况的概率极小。只要数据样本够大,统计检验的结果就会支持这枚硬币是不均匀的推断。相似的逻辑可以用于研究经济数据的相关性。

经济学颇像天文学,经济学家寻找只有一个因素变化的情况,然后研究这个因素变化的后果。所得税体系的变化就是自然实验的一个例子。但是,世界并不是静止不变的,当税收体系发生变化时,经济中的其他特征也会发生变化。

近些年来,经济学发展出了一个新的分支——实验经济学。实验经济学在受控制的实验条件下,分析某些方面的经济行为。比如观察人们对风险的反应,是建立一种风险环境,迫使个人在此环境中做出决策,并付诸行动。通过改变风险的性质和回报,我们就能了解在现实生活中的环境及个人对不同的风险如何做出反应。

社会实验和实验室实验,都是为经济学家提供研究有关经济行为的手段。但是,要在几种不同类型的数据中确定各种相关关系,并区分哪些关系是真实的,哪些关系是表面现象,仍然相当困难。

★ 经济学与数学

在现代经济学的发展中,数学与经济学结下了不解之缘。作为经济学的研究对象,人的行为变幻莫测,具有很大的不确定性;由人的行为所产生的经济关系错综复杂,极大地增加了经济分析的难度。因此,经济学家不得不借助数学方法分析人的行为的本质特征,解释经济系统运行的内在规律。数学方法在经济研究中的应用几乎渗透到了经济学的所有分支学科领域,尤其是经济学的研究方法中。

经济学研究中应用数学方法,无非是希望使经济学的理论表述更加严谨。自 20 世纪 50 年代以后,数学在经济学中的应用几乎成为经济学研究是否科学的最重要判断标准之一,甚至出现了不用数学就很难在好的经济学杂志上发表文章,就很难进入主流经济学界的情形。

数学不是经济学,数学只是一种逻辑工具,其实逻辑性强的人即使不用数学,只用语言也是能把这种因果关系讲清楚的。社会现象比自然现象复杂,经常有人的主观能动因素在内,至少现有的数学工具还不够用来把这些复杂多变的因素都考虑在内。

经济学中的数学倡导者认为,数学赋予这一学科严谨性和精确性。但是，经济学中的真实和精确不可兼得，二者之间存在某种平衡。数学模型是帮助我们了解社会经济现象的工具，达到目的的方法应该越简单越好。虽然对于一个社会经济现象可能产生影响的因素很多，但是如果把不重要的因素省略掉，只保留最重要的变量，所需要的数学就可以简化。建立数学模型过程中，简化和抽象是必要的。

美国经济学家弗里德曼指出，数学的用途有限。他认为，那些基本上用数学写成的文章，其结论和推理可以很容易地用文字重新表述，而数学部分可以放到附录中去，以此来提高文章的可读性。数学不能够替代人们对现实经济运行的理解。在实践中，因沉迷于技术问题而忽略现实，多次导致经济学在重大经济转型或危机面前束手无策，其结果可能意味着经济学研究在严谨之中与现实无关，在精确之中犯下错误。

▶ **经济学的学科范畴**

现代经济学具有两个分支学科，即微观经济学和宏观经济学。

★ 微观经济学

微观经济理论是一种自下而上考察经济活动的理论，其研究对象是小型、单个经济主体的选择行为，如消费者、投资者、工厂、经销商，以及单个行业和市场，等等。所有的经济决策都是由经济个体做出的，经济整体的变动也是成千上万的个体决策相互作用的结果。微观经济理论对个体选择行为的研究为我们提供了认识不同层面经济运行的基础知识和基本研究方法。

在简化的微观经济理论中，复杂的现实世界通常被抽象为两类个体和两类市场：两类个体是家庭和企业；两类市场是商品市场和生产要素市场。在商品市场上，家庭是商品的需求者，企业是商品的供给者；而在生产要素市场上，企业是生产要素的需求者，家庭是生产要素的供给者。微观经济理论研究的就是单个的家庭和企业如何进行决策，以及如何在市场上进行交易。在微观经济理论的研究中，对市场价格的研究处于核心地位，因此有时也称其为价格理论。

现代微观经济理论的历史可以追溯到亚当·斯密的《国富论》和阿尔弗雷德·马歇尔的《经济学原理》。20世纪30年代以后，英国的罗宾逊和美国的张伯伦在马歇尔的均衡价格理论的基础上提出了厂商均衡理论,标志着微观经济理论体系的确立。在第二次世界大战以后,市场经济环境相对稳定,微观经济理论有了长足发展。微观经济理论在不同领域的应用形成了产业政治理论、管理经济学、公司金融理论、公共经济学、管制经济学、劳动经济学、信息经济学等学科分支。

微观经济理论的内容相当广泛,其中主要有:均衡价格理论、消费者行为理论、生产者行为理论(包括生产理论、成本理论和企业决策)、不同市场结构下的市场均衡理论、要素市场与分配理论、信息经济学、权衡时间和风险的研究、拍卖和讨价还价理论、福利经济学、效率与公平的权衡、市场失灵与政府干预。

★ **宏观经济学**

宏观经济理论是自上而下考察经济活动的一种理论。宏观经济理论考察的是一国经济作为一个整体的运行状况,关注国民经济中的增长速度、失业、物价水平、国际贸易平衡等总量经济指标的变化。

宏观经济理论产生于20世纪30年代西方资本主义国家经历的经济大萧条时期。在那之前,西方经济理论认为,市场机制的自发性调节可以促使经济波动趋于均

衡。然而，持续了十多年的经济大萧条对当时的主流经济理论提出了严峻的挑战。在经济衰退最严重的1929—1932年，美国的产出下降32%，近6 000家银行倒闭。失业率从1929年的3.1%上升到1932年的23.6%。危机很快从美国蔓延到其他工业国家，各国为维护本国利益，加强了贸易保护，进一步恶化了世界经济形势，成为第二次世界大战爆发的一个重要根源。经济学界和非经济学界的许多重要人物都敦促联邦政府实施公共工程项目、赤字预算，要求联邦储备委员会放松信贷管理。类似的讨论和研究处于总量经济学的框架内，随着公众日益迫切地要求政府积极地处理失业问题，用归纳和总量分析的方法研究经济现象的必要性与日俱增。在这种背景下，英国经济学家约翰·梅纳德·凯恩斯提出了将这些思想整合到一起的分析框架。1936年，凯恩斯的《就业、利息与货币通论》（简称《通论》）一书出版，标志着宏观经济学的诞生。

与古典经济学和新古典经济学相比，凯恩斯主义有三个突出特征：第一，强调宏观经济及其运行的不稳定性。凯恩斯主义主要关注消费、储蓄、收入和就业总量的决定因素，比如总支出与就业总量之间的关系；而并不关心微观主体的决策，比如企业雇佣劳动的决策。凯恩斯主义认为宏观经济经常发生循环的繁荣与萧条，这是因为投资支出是不确定的。第二，强调价格刚性和总需求导向。凯恩斯主义认为，工资和价格在向下调整时具有刚性，所以需求下降并不会引发价格下降，而是导致产出和就业的减少。因此凯恩斯主义强调有效需求的重要性，认为有效需求是国民收入、产出和就业的直接决定因素。第三，主张政府干预。凯恩斯主义主张政府通过积极的财政政策与货币政策来干预经济，以促进充分就业、价格稳定和经济增长。这与古典主义和新古典主义主张的自由放任形成鲜明的对照。凯恩斯提出的宏观经济理论致力于解决当时十分紧迫的经济大萧条和严重失业问题，这为他赢得了巨大的声誉。

第二次世界大战之后，越来越多的国家政府接受了凯恩斯的理论，对本国经济采取了积极干预的态度。尤其是20世纪50年代初到70年代初，西方发达国家的经济经历了一段稳定、快速增长的时期，宏观经济理论的研究也进入了繁荣时期，其内容也得到不断的充实和完善，并形成经济学的一个独立的学科分支。宏观经济理论的基本内容包括：国民收入决定理论、投资理论、消费函数理论、就业理论、通货膨胀理论、经济周期理论、经济增长理论、总需求与总供给分析、财政政策与货币政策理论、

国际收支理论,等等。宏观经济理论通过对诸如国内生产总值、价格水平、投资、货币供应量、利率等经济总量及其变动的分析来研究宏观经济运行的状况,因此,对总量经济指标的界定与衡量,也是宏观经济理论的一项重要研究内容。

★ 微观经济学与宏观经济学的联系

一国经济的整体变动是由家庭和企业等微观经济主体的行为决定的。因此,微观经济学是宏观经济学的基础。在宏观经济学发展的早期,凯恩斯主义宏观经济学对微观经济主体的行为仅做一种概括性的描述,将其作为宏观经济理论的前提假设来处理。但凯恩斯这样做的代价是造成了经济学的分裂,反映到经济学教科书上,微观经济学和宏观经济学成为两个相互独立、联系较少的部分。20世纪70年代以来,众多经济学家通过努力,在很大程度上弥补了微观经济学与宏观经济学之间的鸿沟。

首先,从经济的长期增长来看,宏观经济学和微观经济学是一致的。凯恩斯主义是现代宏观经济学的开端,但在古典主义、新古典主义阶段,从亚当·斯密到马歇尔,经济学家同样关注宏观经济问题,特别是长期经济增长问题。经济增长理论是现代宏观经济学的重要组成部分，无论是新古典增长理论还是内生增长理论，都符合古典主义价格弹性、市场可自由调节等基本假设，因此，虽然研究内容不同，但经济增长理论与微观经济学是一致的。

其次，微观市场的失灵是宏观经济不稳定的根源。对短期失业和通货膨胀的研究是宏观经济学的一个主要内容。失业和通货膨胀与宏观经济的波动密切相关，而宏观经济的波动根源在于微观市场失灵。根据美国经济学家曼昆的解释，厂商的垄断地位越突出，价格越偏离边际成本，厂商在遭受需求冲击时越有可能维持价格不变。对全社会来说，需求下降而价格不变，产量下降和失业增加就不可避免。

最后，宏观经济的特征由微观经济主体的行为特征所决定。长期来看，增长率的差异是核心问题，它与全社会的储蓄率、投资方向有关。短期来看，经济的波动特性、宏观经济政策的有效性都与居民的消费倾向有关；公众的预期对政府政策的有效性有决定性影响。类似的宏观经济的总量特征，都要从微观经济主体的行为特征中去挖掘，如消费者的偏好特征、厂商的技术特征。最典型的是实际经济周期理论，通过微观经济中的若干参数来解释就业和产出的总量波动。

▶ 怎样学习和研究经济学？

★ 怎样学习经济学？

要想学好经济学，我们需要考虑以下五个要点：

第一，树立问题导向的思维方式。

第二，培养对经济学的兴趣。

第三，了解和熟悉经济学大师的思维方式。

第四，养成学习经济学的良好习惯。

第五，掌握最基本的经济学概念和原理。

★ 高等院校的经济学门类专业

当然，要想更好地学习经济学，或者把成为经济学家作为学习的目标，还是要通过高考，进入大学的相关专业进行系统性学习。这就需要了解高等院校对经济学门类专业的设置。

➡ 本科专业设置

我国高等院校设置的本科生经济学门类专业包括：经济学、经济与贸易、财政学、金融学。基本修业年限为四年，授予经济学学士学位。这四个专业既注重经济学理论知识的传授，也具有很强的应用性与实践性，旨在培养出具有扎实的专业基础知识和基本理论,具有国际视野和创新、创业能力的高素质经济学专门人才。

我国高等院校开设经济学门类专业已有较长历史。1895年,京师大学堂设立之初,就开设了经济类课程。1912年,北京大学设立了中国最早的经济类科系。20世纪30年代初,中国教育界开始探索经济类教育和研究的"中国化"。1949年以后,在很长的一段时间里,经济学专业教育主要按照苏联模式设置专业和课程体系。在教育部2012年、2020年颁布的《普通高等学校本科专业目录》中,经济类专业的学科门类为经济学,专业代码为020101,为经济学类专业。培养目标是具有良好的思想品德和道德修养,自觉践行社会主义核心价值观,具有扎实的专业基础知识和基本理论,掌握现代经济学的基本方法,熟悉中国经济运行与改革实践,具有国际视野和创新创业能力的高素质经济学专门人才。具体到不同经济学门类专业上,培养目标有所不同。

经济学专业以理论经济学为主,兼有应用经济学的属性,具有较强的应用性与实践性,旨在培养出具有扎实的专业基础知识和基本理论,有国际视野的高素质经济学专门人才。经济学专业毕业的本科生,除了一部分学生继续深造,攻读相关专业的研究生学位之外,在就业求

职时可以考虑以下几个方向：一是在跨国公司、大中型企业、政府经济决策部门、公共研究机构从事经济预测、经济分析、各种市场数据的收集和分析工作。很多大型公司，尤其是大型银行，都会设置首席经济学家或首席经济分析师的岗位，为经济学专业毕业生的未来职业生涯提供了明确的发展目标。二是进入专业性咨询公司，从事经济管理类的咨询工作。三是应聘各类金融机构的相关分析岗位，或从事企业的市场营销工作。

国际经济与贸易专业培养能较系统地掌握经济学原理和国际经济、国际贸易的理论，掌握国际贸易的知识和技能，了解中国对外贸易和当代国际经济贸易的发展现状，熟悉通行的国际贸易惯例与WTO规则，能在涉外经济贸易部门、外资企业及政府机构和科研院所从事国际经济与贸易业务、管理、调研与教学科研等工作的复合型、应用型的高级专门人才。国际经济与贸易专业的毕业生就业大致有如下几个方向：企业外贸部门中从事一般性进出口业务的谈判及工作接待等专业人员，一般贸易交往中各种合同的草拟，贸易交易实务，结算等实用型专业人员；三资企业中从事和参与企业贸易外事活动的实用型专业人员；旅游业、对外饮食服务和其他行业中，从事商贸活动，进行经营的实用型专业人员。

财政学专业培养具备财政、税务等方面理论知识和业务技能,能在财政、税务及其他经济管理部门和企业从事相关工作的高级专门人才。财政学专业属于应用经济学科,它主要研究政府部门如何为满足社会公共需要在资金筹集和使用方面的理论、制度和管理方法,同时也研究企业在生产经营过程中的税收问题。财政学专业毕业生的对口职位大都在财政局和税务局的税收规划、审计、资产管理等方面。也有些毕业生从事财务会计、市场营销、职业学校或大学教师、客户服务等工作。

金融学是研究价值判断和价值规律的学科,主要包括四大学术专业领域:银行学、证券学、保险学、信托学。该专业培养具有金融学基本理论与分析方法,系统掌握金融学的专业知识和业务技能,熟悉有关法律、政策和国际规则的专门人才。金融学专业的毕业生既可在国内外大学和科研院所攻读研究生学位,也可在银行、证券、信托、投资、保险等金融机构以及政府管理部门等机构任职。

➡ **研究生专业设置**

我国高等院校面向研究生的专业按照国务院学位委员会《授予博士、硕士单位和培养研究生的学科、专业目标》来设置。经济学类包含两个一级学科,即理论经济学

和应用经济学。经济学类专业的教学和科学研究领域是按照学科目录分类的。

在理论经济学一级学科中,共设有政治经济学、经济思想史、经济史、西方经济学、世界经济及人口、资源与环境经济学六个二级学科。

在应用经济学一级学科中,共设有国民经济学、区域经济学、财政学、金融学、产业经济学、国际贸易学、劳动经济学、统计学、数量经济学、国防经济十个二级学科。

★ **怎样研究经济学?**

经济学的研究对象是人的选择行为,人类社会的复杂性决定了经济学的研究多数时候不能在实验室中模拟,研究结果也无法像自然科学那样精确。不过,20世纪以来,经济学借鉴了自然科学的研究方法,尤其是物理学"从假设到推论"的研究范式,这使得经济学在形式上越来越接近自然科学,以自然科学的方法研究社会问题正是经济学的魅力所在。研究经济学,需要掌握经济学家分析问题的工具箱。

➡ **科学方法:观察、理论和检验**

科学的本质在于方法的科学性,在于能否以客观、冷静的态度建立并检验揭示现象本质的各种理论。经济学家研究经济的方法与物理学家研究物理、生物学家研究生命的方法一样,大致分为三个步骤:一是观察现象,二是提出理论,三是收集数据,对理论进行验证。

例如,经济学家在观察商品市场时会发现,一种商品的价格下降后,其销量会上升;而价格上涨后,销量会下降。受这一现象的启发,经济学家提出了需求理论,认为一种商品的需求量与该商品的价格负相关。为了验证这种理论是否正确,经济学家会搜集不同商品的价格和对应需求量的数据,计算两者的相关关系。如果发现两者呈负相关,就可以证实自己的理论;如果发现很多是无关或者是正相关的,就要怀疑甚至否定自己的理论。

在经济学的研究中,验证理论是否正确要比提出一种理论难度更大。自然科学的研究可以在实验室中进行,例如,物理学家可以在实验室中反复扔下各种不同的物体来检验万有引力理论。但经济学家却不能把成千上万个独立的消费者弄到实验室中让他们重复自己的交易过程。作为实验室试验的替代品,经济学家很多时候只能使用历史数据,即记录人们以往进行的经济选择结果的数据。这些数据有的来自专业机构,有的则需要经济学家自己去搜集,寻找准确的数据往往是经济学家最头疼的工作。同时,经济学家也十分关注历史提供的自然实验。例如,

中东战争爆发后,全世界石油价格飞涨。这就给经济学家提供了研究自然资源对世界经济影响的绝好机会。

经济学是一门科学,因此,在从事经济学研究的过程中,大家一定要记住,当理论和现象不一致的时候,要改变理论,而不是现象。

➡ **理论假设**

经济学的理论研究是假设驱动的研究。经济学家在提出经济理论时,利用假设来简化问题,使对复杂的经济现象的分析变得更为容易。比如,在研究消费者行为时,通常假设消费者的全部收入只能用来购买两种商品,这虽然和实际不一样,但能帮助我们更好地理解现实世界中更为复杂的消费者行为。

理论是对现实的抽象,而抽象又意味着舍弃,舍弃那些使人迷茫、困惑的无数个别现象和次要因素,把错综复杂的现实世界抽象成线条分明、脉络清晰、反映其本质特征和内在运动规律的理论世界。要做到这一点,就必须通过假设,排除或摒弃杂乱无章的次要因素的影响,把理论研究的焦点集中到少数最基本、最主要的因素(变量)上,分析它们的内在联系,从中得出能够证实理论推断的依据。

在科学研究中,假设不是随意设立的,而是科学思考的结果。比如，如果从楼顶抛下的不是石头，而是气球，物理学家就不会假设下落的环境是真空的，因为空气摩擦对气球的影响远远大于石头。经济学中的假设基于对现实经济生活的观察，是对观察数据进行归纳、推理的结果。除了在对具体问题的研究上进行假设之外，经济学的整个理论体系也基于以下两个重要假设：

第一，经济人假设，也被称为理性人假设，是经济学分析的逻辑起点。该假设认为，经济生活中的每一个人，其行为均是利己的，总是力图以最小的经济代价去追求自身利益的最大化。

第二，完全信息假设。该假设认为，每一个从事经济活动的个体（如市场中的买者和卖者）都能够完全掌握有关经济活动情况的充分、对称的信息。

需要强调的是，人们的理性的行为不一定是自私自利的，更不一定是损人利己的。经济学中的利益不仅包括物质利益，还包括精神满足。事实上，有理性的人的行为可以有多种动机，获取个人经济利益只是其中的一方面。人有理想、感情、信仰、荣誉感、正义感等，这些都会驱使人们从事各种活动，包括经济活动。因此，理性无须完全自私自利。

➡ 模型

在假设的基础上,经济学家会建立经济模型,用以表示各种经济现象背后的经济关系。例如,市场供求模型表明需求、供给和价格之间的关系。好的经济学模型通常看起来非常简单,但却能够用最简化的方式表达最深刻的思想。尽管大多数模型也能用文字加以描述,但在经济学中一般用图表或数学的形式描述更为直观。

建立模型的目的是解释经济现象。人们可以使用模型来说明经济现象发生的原因。例如,通过模型,经济学家可以说明发生通货膨胀的原因,指出是工人的工资上涨太快还是进口的原材料价格上涨所致。

经济模型的另外一个作用是预测。例如,如果对某种产品的需求增加,它的价格会上涨;人们的收入提高,对某种产品的需求会增加多少等。预测过程事实上就是一个推理过程。在推理过程中,经济学家不得不设想其他因素保持不变,例如,对某种商品的需求增加会导致商品价格上涨,这是基于该商品的生产成本没有下降的假设做出的推理。

当然,一个经济模型是否有效,还要接受实践的检验。经济学家要根据是否成功地解释和预测现实经济现象来对模型进行评价。如果预测是错误的,首先要检查推理是否正确;如果推理正确,那就必须对模型进行改进或用其他预测更为准确的模型来代替。有时尽管模型的预测不准确,经济学家也想把这个模型保留下来,因为它有助于深入考察经济的运行。例如,可以实现效率、增长和公平目标的理想化的经济模型在现实中几乎是不存在的,但通过它却可以对现实世界有更多的认识,比如认识它的不足等。

微观经济问题的理论解释

> 一般来说,"市场整体"的智慧要高于市场中最聪明的单个参与者。
>
> ——罗伯特·L.巴特利

微观经济问题是人们在日常生活中直接面对的经济问题,它们既包括与个人决策密切相关的消费、物价、收入分配、公平与效率等问题,也包括与企业决策密切相关的市场竞争与垄断、成本与收益、企业的兴衰等问题,还包括政府如何干预市场的问题。微观经济理论在对这些问题的研究中,形成了一套系统的理论解释。

▶ **家庭和企业如何做出选择？**

★ **家庭如何做出选择？**

家庭既是消费者，也是生产要素供给者。在市场经济中，家庭如何做出决策，做出哪些决策，这些决策又如何影响经济呢？

家庭或者个人所追求的是自己的最大幸福。幸福是一个很难解释清楚的概念，不同的人对幸福有不同的理解。家庭或个人作为消费者，其幸福在很大程度上是通过消费各种有形或无形的商品来获得的。每个人一生中都要在衣、食、住、行等方面消费大量的商品和服务。为什么消费者会购买这些商品和服务，而不去购买另一些商品和服务呢？

在微观经济学中，效用是用来分析家庭选择决策的一个重要概念。效用是指商品满足人们需要的能力。一种商品对消费者是否具有效用，取决于该商品是否具有满足消费者欲望的能力。消费者之所以要购买和消费某种商品，是因为他们能从消费该种商品的过程中得到满足。这种满足可能是来自物质方面的，也可能是来自精神方面的。例如，吃食物能够饱腹，喝饮料能够止渴，穿

衣服能够御寒，看电影能得到精神享受等。一种商品是否有效用或效用的大小，取决于它能在多大程度上满足人们的需要。人们通常更喜欢能够在更大程度上满足他们需要的商品。经济学家运用效用这一概念来衡量消费者如何根据对不同商品的喜爱程度对它们进行排序。

消费者在消费某种商品时所获得的满足程度是一种主观上的心理感受，所以商品效用的大小因人、因时、因地而异。同一种商品对不同的人来说，效用的大小是不可比的，而对同一个人来说，则是可比的。比如，一个馒头对于那些饥肠辘辘的人来说效用很大，而对于那些刚吃饱饭的人来说效用则较小；再比如，在冬季，一件棉衣对于中国北方的居民来说是御寒的服装，而对于居住在海南三亚的人们来说不仅效用很小，还很可能是一种负担。即使对于同一个人来说，随着环境和条件的变化，同一种商品产生的效用也会发生变化。一杯水对于没有口渴感的人来说，效用很小，而对于在沙漠中拼命寻找水源的人来说，效用很大。而且，效用不存在好坏之分，即不论人们的需要是好还是坏，只要一种商品能够满足人们的需要，就具有效用。

同一种商品的每一个单位带给消费者的满足程度是不同的，随着消费一种商品的数量增加，从新增一个单位商品的消费中获得的满足感会减少。经济学用边际效用递减规律来揭示这种现象。边际效用是指最后增加的一个单位的商品所具有的效用。边际效用递减规律是指，在一定时间内，在其他商品的消费数量保持不变的条件下，随着消费者对某种商品消费数量的增加，他从该商品连续增加的每一个消费单位中所获得的效用增量即边际效用是递减的。

在边际效用递减规律的作用下，即便是只消费一种商品，家庭也不可能用所有收入无休止地购买单一商品，何况现实生活中消费者面临着多种商品的购买选择，更需要将收入合理地分配到商品的购买中。那么，家庭应该如何决策呢？家庭决策的目标，是把有限的货币收入分配在各种商品的购买和消费上，以实现效用最大化。家庭实现效用最大化的均衡条件是：如果家庭的收入是固定的，商品价格也是已知的，那么家庭用全部收入所购买的各种商品所带来的边际效用，与为购买这些商品所支付的价格的比例相等。或者说，消费者应该使自己花在每种商品购买上的最后一元钱所带来的边际效用相等。

★ 企业如何做出选择？

企业是生产者，其目标是通过生产经营活动实现利

润最大化。企业的利润是其经营总收益减去经营总成本，实现利润最大化目标，企业要做出两个选择：一是生产多少产品，即产量决策；二是以什么样的价格出售这些产品，即价格决策。

企业生产多少产品取决于其生产能力，而企业生产能力的高低又取决于其生产经营成本。企业的生产经营成本分为会计成本和机会成本。会计成本包括企业生产经营中购买投入要素和其他费用支出。例如，支付给员工的工资，资本的折旧，购买原材料、半成品的支出。这些计入会计账簿上的支出构成了企业的会计成本。

在短期内，企业的投入分为固定投入和可变投入：固定投入包括厂房、机器设备、土地等；可变投入包括工资、原材料、半成品、水、电等维持日常经营活动的费用支出。相应的，成本也分为固定成本与可变成本。固定成本不随产量的变动而变动，即使产量为零，也仍有固定成本；可变成本随产量的变动而变动。固定成本与可变成本之和是短期总成本。平均成本是每单位产品的成本，用总成本除以产量得出。此外，每增加一单位产品的生产所导致的成本增量称为边际成本。产量与成本是对应的，随着一种投入增加，产量递增时，其成本就递减；而随着一种投入增加，产量递减时，其成本就递增。随着产量的增加，平均成本通常先下降，当产量增加到一定数量时，平均成本到达最低点；此后，随着产量增加，平均成本上升。平均成本最低点时的产量也就是企业实现了适度规模时的产量。

从长期来看，投入无固定投入与可变投入之分，成本也无固定成本与可变成本之分。成本分为总成本、平均成本与边际成本。其中最值得注意的是平均成本，平均成本也是先下降后上升，随着产量的增加，平均成本到达最低点，对应这一点的产量就是最佳规模的产量。

企业的价格决策，即企业以什么样的价格销售所生产的产品，取决于企业所在市场的结构和企业的市场实力。在微观经济学中，按照市场结构的不同，市场可以分为完全竞争市场、垄断竞争市场、寡头垄断市场和垄断市场四种类型。

在完全竞争市场中，企业数量众多，每家企业的规模都很小，无法影响市场的价格。因此，企业是市场价格的接受者。由于企业生产的产品是同质的，当一家企业把其产品的价格提高到市场价格之上时，该企业就会失去所有购买者。完全竞争市场上，价格等于厂商的边际成本。

在垄断竞争市场中，不同企业生产的产品是有差异的，尽管市场中的企业数量仍然众多，企业可以通过提高产品质量、改进产品性能、设计差异化包装，以及运用与竞争对手不同的广告和促销战略来赢得一部分消费者的忠诚，从而获得一定的市场势力。这种市场势力可以保证企业将价格确定到其边际成本之上。

在寡头垄断市场中，只有少数几家企业，每家厂商在市场中都具有举足轻重的地位，对其产品价格具有相当大的影响力，企业产品的市场价格高于其边际成本。尽管寡头垄断企业具有显著的市场势力，但是它们在进行决策时，必须把竞争对手的反应考虑在内，因而既不是价格的制定者，更不是价格的接受者，而是价格的寻求者。

在垄断市场中，只有一家企业生产和销售产品。垄断企业生产的产品没有任何接近的替代品，是市场上唯一的供给者。所以，垄断企业是市场价格的制定者，可以控制和操纵市场价格。完全垄断企业可以有两种经营决策：以较高价格出售较少产量，或以较低价格出售较多产量。

★ 家庭和企业的选择如何影响市场？

在经济学中，市场是指买者和卖者相互作用并共同决定商品、劳务和资产的价格，以及交易数量的场所。在现实生活中，消费者到市场（如超市）去购买日常生活所需要的大米、蔬菜、水果、食盐和服装等商品，而生产者则根据消费者的需要组织生产，并将生产出来的商品运送到市场销售。因此，市场是人们在固定时段或地点进行买卖交易的场所，如超市、农副产品市场、股票市场、期货市场等。

在市场经济中，几乎每一样东西都存在相应的市场。市场按交易对象的最终用途可以分为消费品市场和生产品市场；按交易对象是否具有物质实体可分为有形产品市场和无形产品市场；按交易对象的交易时间可分为现货市场和期货市场。市场可以是集中的，也可以是分散的，甚至是电子化的。随着互联网的发展和电子商务的流行，网上交易的市场逐渐发展成主要的市场形式。

无论哪种形式的市场，买方和卖方都是构成市场的两大决策主体。在消费品市场中，买方是作为消费者的家庭和个人，卖方是生产和供应消费品的企业。家庭和个人的购买决策决定了市场的需求，企业的生产决策决定了市场的供给。市场上需求和供给的相互作用则决定了市场的均衡价格和均衡数量（均衡需求量或均衡生产量）。

当市场价格高于均衡价格时，企业愿意多生产和销售产品，消费者却会减少需求量。这时，市场上出现供大于求的现象，企业生产的产品会滞销、积压，迫使市场价格下降到均衡价格水平。当市场价格低于均衡价格时，企业会减少产量，消费者的需求量却会增加。这时，市场上会出现短缺现象，消费者即便有支付能力也买不到需要的商品，商品短缺的压力会推动市场价格上升到均衡价格水平。只有在均衡价格水平上，市场的供求关系才处于稳定状态。

▶ 如何提高经济效率？

效率是经济学的核心概念，尤其是微观经济学，其研究的内容基本上是围绕如何提高效率展开的。

★ 什么是效率？

无论是家庭理财还是治理国家，人们经济活动的目的只有一个：用尽可能少的人力、物力、财力、时间和空间的投入获取尽可能多的成果或收益。因此，"经济"一词的本意就是节约、节俭、理财和效益。在生产活动中，经济的含义是节约资金、物质资料和劳动等各种投入要素，以获取尽可能多的效益。在个人或家庭的生活消费中，经济的含义是精打细算，用消耗较少的消费品来满足最大的需要。

为实现经济活动的目的，人们必须追求资源的利用效率。效率或经济效率是经济学中最重要的概念。在不同情况下，效率一词的含义是有差别的。

投入产出效率，也称为生产效率，是指生产过程中生产要素的投入与产出之间的比例关系，即生产效率＝产出品/生产要素的投入。显然，在生产要素投入既定的前提下，产出品越多，生产效率就越高；或者，在产出品数量既定的情况下，投入的生产要素越少，生产效率就越高。在微观经济学中，产出是指企业在生产过程中创造的各种有用的物品或劳务，它们可以用于消费或用于进一步生产。有形的物资产品包括机器设备、玻璃、住宅、汽车、家用电器、食品、日常用品等；无形的服务产品包括医疗、信息服务、金融服务、旅游服务、法律咨询服务、教育和培训等。投入作为生产要素，可分为三类：自然资源、劳动和资本。自然资源是指生产过程中大自然赋予人类的礼物，包括土地、能源、淡水，以及矿石和石英砂等非能源资源。劳动是指人们花费在生产过程中的时间和精力，对于一个高质量发展的国家来说，高质量的劳动是最重要的生产要素。资本则是人类为生产其他物品而生产出来

的耐用品,包括机器、道路、计算机、铁锤、卡车、钢铁厂、汽车、洗衣机和建筑等。

资源配置效率,或简称配置效率,是指给定资源和技术的条件下,如何使资源从边际生产率低的地方流向边际生产率高的地方,从而实现资源利用的最优化。相对于人们的需求而言,资源总是表现出相对的稀缺性,从而要求人们对资源进行合理配置,以便用最少的资源耗费,获取最佳的效益。资源配置效率具有在资源的不同用途之间进行选择的含义,包括把资源投入到不同地区、不同产业、不同经济组织,甚至不同产品生产之间的选择。一般来说,一个国家的资源如果能够得到合理配置,经济效益就会显著提高,经济就会快速发展;否则,经济效益就会明显低下,经济发展就会受到阻碍。

帕累托效率,也称为帕累托最优,是指资源分配的一种理想状态。对于固有的一群人和可分配的资源,在从一种分配状态到另一种分配状态的变化中,假如没有任何人的境况变坏,但至少使一个人的境况变得更好,这个变化过程叫作帕累托改进,它是达到帕累托最优的路径。帕累托最优是不可能再有更多帕累托改进余地的状态。帕累托最优是评价一个国家经济运行好坏的重要标准。经济学理论认为,社会的各类人群在不断追求自身利益最大化的过程中,可以使整个社会的经济资源得到最合理的配置。如果经济中没有任何一个人可以在不使他人境况变坏的同时使自己的境况变得更好,那么这种状态就达到了资源配置的最优化。满足帕累托最优状态就是最具有经济效率的。

★ **产生于专业化分工的效率**

劳动分工是指经济活动被划分成许多细小的专业步骤或作业任务,人们以独立化、专门化的生产方式完成细分的专业步骤或作业任务。劳动分工是人们在生产过程中技术上的联合方式,简称劳动方式。

在现代社会中,劳动分工与教育和技能培训紧密地结合在一起。高等院校设置了种类繁多的专业,为期望在不同行业寻找不同类型工作的学生提供理论知识和实践技能的准备:医学院培养的学生可以到医院中的专业对口科室从事医生工作,法学专业培养的学生可以考虑做律师或在司法机关工作;让市场营销专业毕业的学生去推销商品;喜欢从事理论研究并善于观察和分析问题的学生可以进一步被培养成科学家或高校教师。

专业化是指让个人、企业或国家各自集中精力去从事某一种(或一系列)任务,使得每个人、每个企业或每个

国家都能发挥其特殊的技能和资源优势,以便在经济活动中更有效地利用稀缺的经济资源。显然,专业化的前提是有效的劳动分工。

劳动、资本和土地是生产过程的主要投入要素,资本和土地也可以高度专业化。资本的专业化突出体现在不同产业的资本投入上,不同产业的生产需要的技术、设备、原材料、管理模式等,往往存在较大差异,对资本的需求也有很大不同。实物资本的专业化与产业的生产技术紧密相关,投入到汽车制造业的资本很难转换到电信产业的生产中。某些产业投入的资本需要很长时间才能获得回报,如药品的研发与生产;某些产业中的资本投入回报则较快,如服装制造。所以,资本投入到哪些产业、如何投入,决定了生产什么、如何生产和为谁生产。

土地的专业化也与土地投入的产业密切相关。投入到农业的土地可以用于种植粮食、水果、蔬菜,投入到建筑业的土地可以用于建住宅、办公楼、厂房,投入到旅游业的土地可以用作公园、海滨沙滩、游乐场等。

★ 产生于贸易的效率

贸易的基础,尤其是国际贸易的基础是优势,即一个国家通常用自己能够高效率生产的产品去交换另一个国家擅长生产的产品。这样,双方既互通了有无,又降低了生产成本。所以说,贸易是优势的交换。

贸易中的优势主要有两种:绝对优势与比较优势。

绝对优势是指一国生产一个单位某种商品的成本低于另一国生产同一种商品的成本。绝对成本优势构成国际贸易的基础,各国应当专业化生产并出口具有绝对优势的商品,进口贸易伙伴具有绝对优势的商品。为什么不同国家在生产和销售某种产品或服务的过程中具有绝对优势呢?这种绝对优势在很大程度上来源于不同国家拥有的自然资源和生产要素的差异。不同国家因为国土面积、地理位置、人口规模、气候条件和生产技术水平等方面存在差异,所拥有的要素禀赋及其结构往往不尽相同。有的国家人口众多,劳动力成本较低,可以生产和出口劳动密集型产品;有些国家石油和天然气储藏量大、开采成本低,可以靠出口石油和天然气致富;有的国家拥有广大的适合农作物种植的肥沃土地,可以通过出口农产品拉动本国经济增长;有的国家科技实力雄厚,拥有多项世界领先的高新技术,可以出口飞机等技术含量高的产品。

要素禀赋的不同决定了一个国家在国际市场上可能

扮演的角色,每个国家利用它们所拥有较丰富的要素禀赋生产其具有优势的产品。以绝对优势为基础的生产和贸易,在国与国之间产生了劳动分工和专业化生产。贸易双方专业化生产各自具有绝对优势的商品,并用其交换具有绝对劣势的商品,使之有效地利用了生产资源,扩大了生产规模,降低了生产成本,贸易双方从产量的增长中获得相应的贸易利益,国际贸易的利益被贸易双方分享。

比较优势。即使一国的商品生产没有绝对优势,只要它与其他国家间存在比较优势,仍然可以从国际贸易中获利。若一国在两种商品的生产上较另一个国家均处于绝对优势,那么具有比较优势的商品是指这个国家相对于另一个国家绝对优势较大者;反之,若一国在两种商品的生产上较另一个国家均处于绝对劣势,那么具有比较优势的商品是指这个国家相对于另一个国家绝对劣势较小者。

比较优势是国际贸易产生的基础,各国在任意商品的生产上绝对成本差异(或劳动生产率)并不完全相同,总有一些商品的绝对成本(或劳动生产率)差异大,而另一些商品的绝对成本(或劳动生产率)差异小。一个国家可以专业化生产并出口有比较优势(绝对优势较大或绝对劣势较小)的商品,进口有比较劣势(绝对优势较小或绝对劣势较大)的商品。通俗地讲,当各国专门生产和出口其生产成本相对低的产品时,就会从国际贸易中获益;反之,当各国进口其生产成本相对高的产品时,也会从国际贸易中获利。在国际分工中,一国专业化生产具有比较优势的商品,并通过国际贸易换回具有比较劣势的商品,就会从世界产出水平的提高中获取贸易收益。

▶ 市场机制如何发挥作用?

★ 市场机制

市场机制是通过市场价格的波动、市场主体对利益的追求、市场供求的变化,调节经济运行的机制。市场机制是一个有机的整体,它的构成要素主要有市场价格机制、供求机制、竞争机制和风险机制。

价格机制是指在市场竞争过程中,市场上某种商品市场价格的变动与市场上该商品供求关系变动之间的有机联系的运动。它通过市场价格信息来反映供求关系,并通过这种市场价格信息来调节生产和流通,从而达到资源配置。价格机制还可以促进竞争和激励,决定和调节收入分配等。

供求机制是指通过商品、劳务和各种社会资源的供给和需求的矛盾运动来影响各种生产要素组合的一种机制。它通过价格、市场供给量和需求量等市场信号来调节社会生产和需求，最终实现供求之间的基本平衡。供求机制在竞争性市场和垄断性市场中发挥作用的方式是不同的。

竞争机制是指在市场经济中，各个经济行为主体之间为自身利益而相互展开竞争，由此形成的经济内部的必然的联系和影响。它通过价格竞争或非价格竞争，按照优胜劣汰的法则来调节市场运行。它能够形成企业的活力和发展的动力，促进生产，使消费者获得更大的实惠。

风险机制是市场活动同企业盈利、亏损和破产之间相互联系和作用的机制，在产权清晰的条件下，风险机制对经济发展发挥着至关重要的作用。

市场机制的实质和灵魂就是追求物美价廉。价格牵动着市场参与者的行为，由于价格受供求变动的影响，市场经济活动的参与者要不断地调整自己的市场行为。买者与卖者之间、买者之间、卖者之间根据市场价格的变化，为了自身的经济利益，会展开多形式的竞争，从而导致市场供求关系的变化。市场供求关系的变化反过来又会引起市场价格的变动,这就是市场机制的运作过程。

★ 看不见的手

"看不见的手"是一个隐喻,最初的意思是众多分散的、具有各自目标的决策主体在经济生活中只考虑自己利益,受"看不见的手"驱使,即通过分工和市场价格的调节,可以达到国家富裕的目的。企业追求利润最大化,消费者追求效用最大化,价格自由地反映供求的变化,发挥着配置稀缺资源、分配商品和劳务的作用。通过"看不见的手",企业家获得利润,工人获得工资,土地所有者获得地租。

"看不见的手"揭示了市场经济中存在的一个悖论,即每个市场参与者在追求一己私利的过程中,有一只看不见的手,在冥冥之中支配着每个人,使之自觉地按照市场规律运行。你如果问一些人:"假如这个社会上每个人的行为都十分自私,会发生什么事?"他们大多的回答是"会造成混乱"。但很多日常市场交易都仰赖自利,例如,货比三家以寻觅最佳价钱,卖房前等待一个好价格等。人们在这么做的时候,被一只看不见的手引导,去促成一个与他们本意无关的目的。"看不见的手"的概念,描述

的是你在追求自己的利益时，可能也会给别人带来好处。例如，你生产一个更好的商品，会改善使用者的生活。经济学家认为自利是一股强大的力量，追求自身利益的同时，也在促进社会利益。

消费者依据效用最大化的原则做购买决策，生产者依据利润最大化的原则做生产和销售决策。市场在供给和需求的相互作用下，根据价格的自然变动，引导资源向着最有效率的方面配置。与"看不见的手"相对应的，是"看得见的手"，特指政府对市场经济活动的干预。

我们可以用一个例子解释何为"看不见的手"。假定某个村落只有两个农户——甲和乙，他们各自解决衣食住行问题，老死不相往来。后来甲和乙两家商量，甲的长处是种粮，乙的强项是织布，结果两个农户进行了分工——甲专门种粮，乙专门织布。一年下来，在生产资源相同的条件下生产出了更多的粮食和布匹。那么，如何比较甲和乙的绝对优势呢？他们可以到市场上去看一下粮食和布匹的价格，然后把各自家中粮食和布匹的生产成本的比例和市场上粮食的价格比例算出来，比较这两组数据的大小，就可以找到绝对优势。如果甲的粮食和布匹的生产成本的比例小于市场价格比，那么甲的优势就是粮食，否则就是布匹。乙也可以进行同样计算和比较。因此，市场价格是衡量生产者绝对优势的一个指标，而且随着价格变动，生产者的优势也在变动，有时增强，有时减弱，有时也会从优势变为劣势。生产者就会根据市场价格来改变自己的生产结构和生产要素的流向与变动，重新配置生产要素。生产要素怎么流动，完全受制于一种看不见、摸不着的力量，这种力量就是市场价格机制。如果现实中，甲在种粮和织布上都不如乙，或者都强于乙，应该如何分工？这时就要看比较优势了，只是自己与自己比，专门生产自己和自己比较相对更具有优势的产品。只要自己和自己比有相对生产率更高的产品，就可以参与市场分工，专业化生产自己与自己比生产率更高的产品，放弃自己与自己比生产率较低的产品，进而与他人进行交换。

★ **薄利多销与谷贱伤农**

价格变动对生产者来说意味着什么？一般情况下，价格上升，需求量会减少；价格下降，需求量会增加。企业的收益是其产品的售价与销售量的乘积，为了增加收益，企业应该提高其产品的价格，还是下调其产品的价格？回答这个问题，需要借助需求价格弹性的概念。

需求价格弹性衡量的是需求量对价格变动反应的敏

感程度。价格的变动会引起需求量的变动，但需求量对价格变动的反应程度是不同的。需求量与价格之间是反方向变动的关系，如果某种商品的价格上升了10%，其需求量减少了15%，而另一种商品价格上升了10%，其需求量却只减少了5%，则前一种商品的需求富有弹性，后一种商品的需求缺乏弹性。需求富有弹性意味着小幅度的价格变动会引起需求量的大幅度变动，需求缺乏弹性则意味着大幅度的价格变动会引起需求量的较小幅度变动。

对于需求富有弹性的商品，其需求价格弹性的绝对值大于1；对于需求缺乏弹性的商品，其需求价格弹性的绝对值小于1。奢侈品和替代品较多的商品，其需求往往富有弹性。生活必需品和替代品少的商品，其需求缺乏弹性。一般来说，替代品越少的商品，其需求越缺乏弹性。

现在，我们可以解释为什么某种化妆品降价会实现薄利多销，而小麦降价却使农民遭受损失。化妆品属于奢侈品，且替代品众多，其需求富有弹性。化妆品生产企业的总收益等于化妆品的销售量乘以价格，即使化妆品小幅度降价，也会导致其需求量大幅度增加，从而总收益增加，这就是薄利多销的含义。小麦属于生活必需品，且替代品较少，其需求缺乏弹性。小麦降价，或压低小麦的收购价格,所引起的小麦需求量增加的幅度小于其价格下降的幅度,因此农民销售小麦的收益会减少,这就是谷贱伤农的含义。

▶ 市场需要竞争还是垄断?

竞争和垄断是分析市场结构时必须讨论的两个基本概念。

★ 竞争的含义

竞争是个体或群体力图胜过或压倒对方的心理需要和行为活动。在日常生活中,人们谈到"竞争"一词时,通常是指在一项有若干竞争对手参与的活动中,以战胜竞争对手为目标的行为。理论上,竞争的积极作用是个人或群体采用胜过对方的对抗性行为,获得精神的振奋和进取,从而促进社会进步,提高劳动生产率。其消极作用是容易造成个体间或群体间的不和谐,不利于和谐人际关系的建立与发展。在竞争关系中,一方的成功通常意味着另一方就要失败。在社会生活中,竞争往往通过竞赛的形式表现出来,政治、经济、军事、教育、文化等许多社会现象本质上是不同形式的竞争。

经济学中的竞争特指市场竞争,是经济主体之间为

争夺经济利益而展开的较量,表现为市场参与者为实现自身的经济利益和既定目标而不断进行的角逐行为,主要包括卖方与卖方的竞争、买方与买方的竞争。

★ 垄断的含义

垄断分为卖方垄断和买方垄断。卖方垄断是指在一个或多个市场中,竞争性的消费者面对的是唯一卖者;买方垄断则恰恰相反,在市场中竞争性的生产者面对的是唯一的买者,经济学研究的重点是卖方垄断的垄断行为。垄断作为一种经济现象,是市场竞争的必然结果,也是市场竞争的抑制因素。在市场上,卖方(企业)参与市场竞争,目的是通过不断战胜竞争对手,壮大自己,获得垄断势力和垄断利润。

在市场经济条件下,能够获得垄断势力的卖方通常是大企业,这类大企业的垄断行为包括:对商品的生产、销售和价格进行操纵和控制,排除和限制竞争,或可能排除和限制竞争。如果一个市场或行业的供给只由一个或极少数企业来支配,这类市场或行业就是垄断市场或垄断行业。市场垄断的形成主要有三个原因:一是自然垄断,即垄断企业的生产效率高于竞争对手的生产效率;二是资源垄断,即垄断企业拥有了关键性生产资源;三是行政性垄断,即政府给予一家企业排他性的生产某种产品或劳务的权力。大企业获得垄断势力后,往往凭借自己的竞争优势,不断排挤和吞并中小企业,把生产要素的获得和产品的生产日益集中在自己手中。

★ 市场竞争与垄断:孰是孰非

在经济学书籍中,经济学家极力推崇市场竞争。他们认为,市场竞争可以提高经济效率和社会福利。所以,完全竞争市场被经济学家用来作为分析市场经济活动的理想模型。但是,现实世界总是不完美的。企业参与市场竞争,制定和实施竞争战略,其目的不是完善市场竞争,而是获得垄断地位,从而攫取垄断利润。

人们在日常生活中接触的市场,绝大多数是垄断竞争和寡头垄断市场。处于垄断地位的企业有确定市场价格的权利,可以决定如何生产和生产多少。在短期内,企业按照边际收益等于边际成本的原则决定生产数量,并在需求曲线上确定价格。只要这一价格高于平均成本,垄断企业就会获得超额利润。在长期中,企业调整生产要素投入,使得在每个产量水平下成本为最低,亏损企业会退出市场。因此,长期垄断企业一般会处于获得超额利润的均衡。无论是在短期还是在长期,处于显著垄断

地位的企业索要的产品价格要高于边际成本和平均成本，因而它们在产量供给和技术进步方面可能缺乏效率。

在现实生活中，人们会观察到，技术创新能力强、技术创新绩效最优异的企业往往是寡头垄断企业，这类企业规模大、财力雄厚，能够投入大量研发经费推动科技创新和创新成果的扩散活动，是推动它们所在行业技术进步的领头羊。在计算机行业，微软、苹果、谷歌是代表；在手机制造行业，华为、三星、苹果是代表；在飞机制造行业，波音和空中客车公司是代表；在家用电器行业，海尔、格力、飞利浦、西门子等公司是代表。在技术进步日新月异的今天，这些寡头垄断企业在市场经济中发挥着日益重要的作用。当然，寡头垄断企业的垄断行为也会给市场经济造成负面影响。这时，政府就需要进行干预，借助反垄断法约束寡头垄断企业和垄断企业的不正当竞争行为。

▶ **政府如何解决市场失灵问题？**

市场机制发挥作用并非是无条件的，需要具备完全竞争、产权清晰、没有显著的交易成本等条件。如果我们稍留意现实生活，就会发现这些条件实际上是非常严格的，大多数情况下并不成立。现实经济中并不存在完全竞争市场，在很多情况下，产权也不清晰。公海的鱼、虾、海蜇资源并没有明确的所有者，因此过度捕捞现象愈演愈烈，海洋渔业资源日益枯竭；交易成本处处存在，消费者即便知道自己的权利被侵犯，也常常忍气吞声，无力解决。这时，"看不见的手"对很多经济活动是无能为力的。温室效应愈演愈烈，全球气候恶化日益加剧，各国政府却无以应对；人人都知道国家安全非常重要，却没有人愿意自掏腰包供养军队；保险业日臻发达，却没有人愿为学习负担越来越重的祖国"花朵"的学习成绩提供保险，诸如此类现象都与一个经济学术语——市场失灵——密切相关。

在经济学中，市场失灵是指仅依靠市场机制和价格调节不能实现最优资源配置，即不能达到帕累托最优状态的情况。无论是渔业资源过度捕捞还是生态环境恶化、全球变暖加剧，都属市场失灵的范畴。

★ 市场失灵的原因

概括起来，造成市场失灵的原因主要有四种：垄断和不完全竞争、外部性、共用品和信息不完全。其中，垄断和不完全竞争是完全竞争的条件被破坏导致的，与竞争有关；外部性、共用品和信息不完全则主要是竞争以外的因素导致的。

- 垄断和不完全竞争。只要企业拥有市场势力,能够对市场价格产生一定影响,可以将其产品价格提高到边际成本之上,通常都会采取高价低产的做法,结果造成一定的社会福利净损失、寻租和内部效率低下,不能实现最优资源配置。

- 外部性。它是指一个人或一群人的行动和决策使另一个人或一群人受损或受益的情况。经济外部性是经济主体(包括企业、家庭或个人)的经济活动对他人和社会造成的非市场化的影响。即社会成员(包括组织和个人)从事经济活动时其成本与后果不完全由该行为人承担。外部性分为正外部性和负外部性。正外部性是某个经济主体的行为使他人或社会受益,而受益者无须花费代价;负外部性是某个经济主体的行为使他人或社会受损,而造成负外部性的人却没有为此承担成本。因为市场价格向生产者和消费者传递了信息,所以价格机制能够有效发挥资源配置的作用。在一些情况下,市场价格并不能完全反映经济主体的行为。当某个经济主体的消费或生产活动对其他经济主体的消费或生产活动产生了影响,而这种影响又不能直接反映在价格上的时候,就产生了外部性。例如,某炼钢厂向河中排污,致使下游用于休闲娱乐的地方无法游泳或钓鱼。因为炼钢厂没有承担排污的真实成本,所以为了生产钢铁,它会排出较多的污水,这就造成了负外部性。它会导致投入的无效率。而如果全行业都存在这样的外部性问题,则与反映了排污成本的情形相比,钢铁的价格就过低,钢铁产量则过高,这就导致了产出的无效率。

• 共用品。它是指同时具有非排他性和非竞争性的物品和服务。所谓非排他性,是指无法阻止他人对物品的使用,或者阻止他人对物品或服务使用的代价太高。通常情况下,我们可看能否向使用该物品或服务的人收费:如果可以收费,则不具有非排他性;反之,则具有非排他性。国防是非排他性服务的一个典型例子。一旦国家提供了国防服务,所有的居民都将受益,居民不必为此付费。所谓非竞争性,是指增加使用物品或服务的消费者数量不会带来成本的额外增加。海上的灯塔是非竞争性物品的一个典型例子,多增加一艘船通过并不会增加灯塔的成本。与共用品相对应的是私用品。后者是指同时具有排他性和竞争性的物品或服务。既然非排他性是无法阻止他人对物品或服务的使用,与之相对应,排他性则是指可以很容易地阻止他人对物品或服务的使用。例如,你花钱买了一公斤苹果,没有你的允许,别人就不可以吃。既然非竞争性是指增加使用物品或服务的消费者

数量而不会带来成本的增加，竞争性就是指使用物品或服务的消费者数量越多，成本就越高。在这种情况下，一个人消费了一定量的某种物品或服务，就会对他人对该物品或服务的使用造成影响。我们会发现，大多数物品或服务属于私用品，衣、食、住、行、用莫不如此。但是，也确实存在一些物品或服务，同时具有非排他性和非竞争性的特征，如国防、治安、基础研究、天气预报、不拥挤的不收费道路等，这些都属于共用品的范畴。除了严格的私用品和共用品之外，还有两类准共用品：一类是具有非排他性和竞争性的物品或服务，例如，海洋渔业资源、空气、环境等；另一类是具有排他性和非竞争性的物品或服务，例如，有线电视、不拥挤的影院、不拥塞的电信网络等。许多有价值的共用品，如导航的灯塔、公路、路灯、公园、渔业资源、国防军队、基础研究等，很难向使用者收费。因此，共用品市场必然是供给不足的。

• 信息不完全。市场机制充分发挥作用的重要条件是信息完全。买卖双方不但要对自己的情况了然于胸，而且要对交易对手和竞争对手的情况了如指掌。然而，现实生活中，我们会发现很难做到这一点。俗话说"买的不如卖的精"，交易双方对交易信息掌握程度不同，直接导致其讨价还价能力的差别，甚至出现欺诈、上当受骗等情况。无论是市场中哪一方交易信息的缺乏,都可能使生产者过度提供某些商品,同时其他商品的供给不足。对消费者来说,既可能出现即便购买某种商品是划算的,他们也不去购买的情况,也可能出现购买了某种商品的消费者发现自己根本不应该购买的情况。例如,消费者购买了某品牌减肥药,结果发现毫无作用。

★ 政府的干预

从政府的角度看,为解决外部性问题,可以采取的办法主要有直接管制、征税、补贴、建立可交易的排污许可证等。

• 直接管制。政府可以通过规定或禁止某些行为来解决外部性。例如,可以规定将某些剧毒化学物质直接排入河流是犯罪行为。因为在这种情况下,污染物排放的外部成本远高于排污者的收益。因此,政府需要明令禁止。从经济学角度分析,处理外部性问题应该进行成本收益分析,根据控制污染的社会成本和收益情况决定哪些污染可以排放,排放量应该是多少。许多国家采取的规定排污标准的办法就是基于这一考虑而做出的。

• 征税。向负外部性的产生主体征税的办法是由英国经济学家庇古在 20 世纪 30 年代提出的,因而这类税

收又被称为"庇古税"。庇古税的道理非常简单,当边际成本提高时,排污企业最优产量就会下降,其投入品的使用量也会下降,污染物排放量会随之下降。最理想的情况:如果能设计出一种税收方案,使得企业完全承担排污的外部成本,此时企业的最优排污量对社会而言会是最优的。借鉴这样的思路,许多国家都对污染企业开征了污染税。实际上,采用这种办法操作起来也有很大的困难,因为它需要政府拥有足够的信息,知道谁在制造污染,污染程度如何,排污的边际成本又如何,等等。只有这样才可能算出社会最优排污量,并确定排污税的税率。

• 补贴。对于那些能够带来正外部性的活动,政府可以通过补贴的办法给予激励,以纠正市场失灵。例如,基础研究对一个国家来说是非常重要的,具有很强的正外部性,但是由于前期投入过高,研究者又不能得到研究成果的全部收益,因此往往是研究投入不足。对此,国家可以通过基金资助、研究津贴等办法提高研究者从事基础研究的私人收益,使其接近乃至等于社会收益,这样可以改进资源配置效率。

• 建立可交易的排污许可证。这是一种治理污染负外部性的制度,由环保部门确定一个地区的总体排污标准,然后向污染企业发放(或拍卖)排污许可证。许可证可以在市场上进行交易，价格由许可证市场的供给和需求来决定。例如，某地区确定二氧化硫的排放量为100吨，向两家二氧化硫排放企业化肥厂和发电厂各发放50吨排污许可证。化肥厂和发电厂的治污成本不同。化肥厂减少二氧化硫排放的成本为10万元/吨，发电厂则为5万元/吨。如果采用排污许可证可交易，化肥厂可以向发电厂购买排污证，假定它们以8万元/吨的价格成交。化肥厂可以多排二氧化硫50吨，支付400万元，相比自己治污节约100万元；发电厂治理50吨污染要支出250万元，通过排污许可证交易收入400万元，获得150万元的净收入。可交易的排污许可证制度创造了一个治理负外部性的市场，由于许可证可以交易，污染治理成本可以达到最低。但是，如果政府信息不充分，并且监管成本高昂，可交易的排污许可证制度就可能给这些企业带来较高的治理成本，迫使它们退出市场。

宏观经济问题的理论解释

> 评判一个经济体成功与否,尝试观察与统计数据都是必要的。
>
> ——西奥多·达尔林普尔

一个国家的宏观经济经常会出现一些问题,这些问题直接影响着人们的生活、工作、安全、幸福。其中,下面的重大宏观经济问题是经济学家研究的重点,也是政府和民众关注的焦点。

- 如何衡量一国经济的绩效?
- 什么因素决定了一个国家经济的长期增长?
- 为什么经济会出现周期波动?
- 什么因素导致了失业?
- 为什么会出现通货膨胀?

▶ **如何衡量一国经济的绩效？**

研究宏观经济学的前提是对宏观经济的运行状况进行准确描述。那么，对于一个具体的国家，究竟应该采用什么指标来描述和衡量其宏观经济活动的绩效呢？

★ **衡量总产出的主要指标**

国民经济的产出总量是衡量一个国家经济绩效和经济实力的最重要方面。2020年，世界上产出总量最大、经济实力排第1的国家是美国，产出总量排第2的国家是中国。衡量一个国家产出总量的指标有多个，目前世界各国最常用的指标是国内生产总值（GDP）和国内生产净值（NDP）。

GDP 是指一个国家（或地区）在一定时期（如一年）内在本国（或本地区）领土上生产出的全部最终产品和服务按市场价格计算的价值总和。2020年，美国实现的 GDP 是 218 463.3 亿美元，中国实现的 GDP 是 1 422 196.083 亿美元，排名第 3 的日本实现的 GDP 是 52 797.7 亿美元。GDP 是按市场价格计算的，不同产品和服务的价格在一定程度上决定了它们在 GDP 中的地位。一国经济所生产的最终产品和服务种类繁多，将这些产品和服务加总到一起，就需要借助价格把它们换算成相互之间可以对

比的价值。在计算GDP时,每一种产品或服务的价格就是该种产品或服务的权重。

NDP是指一个国家(或地区)在一定时期内在本国(或地区)领土上生产的全部最终产品和服务按市场价格计算的净值,等于国内生产总值减去资本折旧。资本折旧,是指资产价值随时间的贬值,即每一年工厂、机器设备的资产消耗的总值。准确地估算折旧要相对难一些,而且,在一年内,国内生产总值和国内生产净值的变化基本一致,国内生产净值通常不被重视。

★ 价格波动的影响

在计算国内生产总值时,通常采用现行的市场价格作为衡量尺度。在市场经济中,市场价格体现了不同产品和服务的相对经济价值,反映了消费者从每种产品和服务的消费中获得的相对满足程度。然而,以市场价格作为衡量尺度存在的主要问题是,它像一支橡皮尺,时长时短,不断变化。当产品价格普遍上涨时,尺子缩短了,一元购买的产品较之以前少了;当产品的价格普遍下降时,尺子又伸长了,一元购买的产品较之以前多了。因此,用现行价格计算的国内生产总值反映不出各个时期生产水平的实际变化。

★ 用 GDP 衡量国民总产出的问题

GDP 虽然是衡量经济总产出的一个重要的经济总量，但 GDP 的规模和增长速度却不能全面地衡量与人们生活有更直接关系的经济福利。人们真正需要的是幸福和快乐，这是 GDP 不能够完全提供的。而且，经济中发生的很多产生收益的活动也不能统计到 GDP 中，如闲暇时间、环境质量、社会公平等。

• 闲暇时间。人们除了有对产品和服务的需求外，还需要休息、娱乐等精神上的满足。工作时间的缩短、闲暇时间的延长，可能会在减少国内生产总值的同时，增加了人们的福利。在经济发达国家，人们现在的工作时间较之半个世纪以前明显缩短。人们有更多的闲暇时间提高生活质量，从事一些比工作、赚钱更有意义的活动，如运动、开展业余爱好活动、传播文化和接受教育等。所以，闲暇时间是一种加到人们经济福利中的经济物品。从经济福利的角度看，工作和闲暇具有替代关系。然而，享受闲暇时间的福利是不能用市场价格来衡量的，因而无法被统计到 GDP 中。

• 环境质量。GDP 增长所产生的负面影响，是生态环境质量的恶化、不可再生资源的耗竭等。钢铁厂在生

产钢铁产品的同时,也产生烟尘、污水和噪声,破坏了生态平衡,危害着周围居民的生活和身体健康,影响其他工厂的生产。国内生产总值在计入钢铁厂的产品价值时,却没有考虑生产这些产品对环境造成的污染。对钢铁厂来说,其产出的社会价值要小于被计入国内生产总值中的产品价值。生活在一个污染严重的环境中,即使 GDP 增长很快,也很难保证人们的生活质量。环境质量的恶化和不可再生资源的耗竭是无法用市场价格来计量的。解决这个问题的一种办法是采用绿色 GDP 核算,即把环境污染造成的社会成本从 GDP 中扣除,以便更准确地反映人们享受的净经济福利。

• 社会公平。影响人们经济福利的另一个重要因素是财富的分配方式。具有相同 GDP 的两个国家,其经济福利在其居民之间的分布很可能存在显著差异。在收入分配相对公平的国家中,大多数人会过着舒适的生活,极度富裕和极度贫困的人只占很少一部分,这类国家的社会更稳定,社会总福利水平较高。在收入分配不公平的国家,少数富裕家庭控制着整个经济,绝大多数人生活在贫困中,这类国家的社会问题往往较多,社会总福利水平较低。收入分配和经济结构问题是无法在 GDP 中体现出来的。

▶ 什么因素决定了一个国家经济的长期增长？

在现实经济生活中，没有人怀疑经济增长的重要性。人类物质生活水平不断提高的基础是经济增长，经济发展的核心是经济增长，各国经济实力的对比取决于各自的经济增长。尽管各国的国情千差万别，社会制度和经济体制也不相同，但是，实现本国经济长期、快速、稳定的增长，却是各国政府一致努力实现的宏观经济目标。

★ 什么是经济增长？

对于经济增长，比较一致的表述是，一个国家生产产品和劳务能力的扩大，常以一国生产的产品和劳务总量的增加来表示，或以国内生产总值的增长来计算。如果将人口的变化考虑在内，用人均国内生产总值的增长来反映经济增长更具有现实意义。

与经济增长密切相关的另一个概念是经济发展，两者是在考察国民经济的长期发展问题时常常涉及的并不完全相同的两个概念。经济增长是一个明确的可度量标准，是一个单纯的"量"的概念，经济增长的程度可以用增长率来描述。以国内生产总值增长或人均国内生产总值的增长率衡量的经济增长，忽视了国民生产总值所表明

的价值以什么方式在社会成员中进行分配，不能说明就业状况、职业保障、资源利用、生态环境、升迁机会以及保健、教育等情况。假如某个国家，虽然国民生产总值和个人所得增加，但生产成果绝大部分归少数人享用，其结果造成两极分化而不能愈合，富者愈富，贫者愈贫，基尼系数增大，收入愈加不平等，这样的增长就不是真正意义上的增长。

经济发展是指一国从不发达状态向发达状态发展，即经济、社会的全面发展。经济增长是从"量"的角度来考察一国国民经济的长期发展问题，而经济发展则是从"质"的角度来考察一国国民经济的长期发展问题。经济发展不仅包括经济增长的速度、平稳程度和结果，还包括国民的平均生活质量，如教育水平、健康卫生标准等，以及整个经济结构、社会结构与制度等的总体进步。经济增长是经济发展的手段，经济发展是经济增长的目的。

★ **经济增长的特征**

如何判断一个国家的经济是否在增长呢？美国著名经济学家库兹涅茨根据对英、美、法等14个国家近300年的经济增长统计分析，总结出现代经济增长的五大特征：

• 人均产值和人口快速增长的趋势。1750年以来的200多年中,发达国家人均产量的增长速度平均每年大致为2%,人口每年平均增长1%,因此总产量大约年平均增长3%。这意味着,实际国民生产总值每24年翻一番,人口每70年翻一番,人均产量每35年翻一番,增长速度远远快于工业革命开始前的整个时期。1960年,中国的人均GDP是60美元;2019年,中国的人均GDP增长到1.03万美元,60年间增长了近167倍,年均增长约9%。

• 技术进步和生产率不断提高对经济增长起到了巨大推动作用。按库兹涅茨的估算,人均产量增长的50%~75%来自生产率的增长。生产率迅速提高归功于技术进步,也就是说,技术进步对于现代经济增长起到了很大的作用。

• 经济增长推动了经济结构的快速转变。经济增长使农业过剩人口转向城市和工业,促进了农业向非农产业、工业向第三产业的转变。农业部门实现的国民收入在整个国民收入中的比重,以及农业劳动力在全部劳动力中的比重,随着时间的推移,处于不断下降趋势。工业的国民收入的相对比重,大体上是上升的,而工业部门劳动力的相对比重,大体不变或略有上升。服务业劳动力

的相对比重几乎在所有国家都呈上升趋势,但其国民收入的相对比重大体不变或略有上升。此外,经济增长还使产品结构、生产单位的规模、消费结构、收入分配结构等都得到了不断改善。

• 社会结构和意识形态迅速转变。经济增长使僵化的社会结构变得较为灵活,与经济结构密切相关的社会结构和意识形态也发生了迅速变化,例如,城市化、工业化、家庭规模的变化、全球化等。

• 发达国家向全球扩张经济实力,争夺发展中国家的产品市场和原材料。经济增长不是某一个国家或地区的独特现象,而是在世界范围迅速扩大,成为各国追求的目标。现代经济增长,尽管有扩散到世界范围的倾向,但实际的扩散却是有限的。经济增长在世界范围内是不平衡的,发达国家与发展中国家的经济差距相当大。在特定时期,一些国家经历了"增长奇迹",如20世纪六七十年代的日本和"亚洲四小龙"。与此同时,乌干达、委内瑞拉、马达加斯加、马里等国却出现了负增长。

★ **人口与增长陷阱**

对于人口增长与经济增长的关系,不同经济学家有不同的观点。在几乎所有的经济增长模型中,人口都是影响经济增长的最重要因素之一。人口增长保证了劳动增长,从美国经济学家索罗的模型中得出的人口(劳动)增长与经济增长关系的结论是一旦经济达到稳态,劳均产出将不受人口增长率的影响,人口增长率对经济增长只有水平效应,没有增长效应。

对人口增长后果持悲观论调的是马尔萨斯主义者。在人口增长与经济增长的关系上,马尔萨斯主义者的基本观点是,经济的增长带来人口的增长,人口的增长反过来又稀释人均资本占有量,进而使人均产出继续维持在一个较低水平。因此,存在着一个"人口陷阱",在这个陷阱中,任何超过最低水平的人均收入的增长都要被人口增长抵消。他们认为,发展中国家要解决人均收入停滞不前的状况,就必须千方百计从陷阱中跳出来。也有一些学者对马尔萨斯主义持批判态度,认为马尔萨斯主义片面强调了人口的物质消耗属性,忽视了人口的物质创造属性,也低估了技术进步对粮食生产以及一般生产的促进作用。

▶ 为什么经济会出现周期波动?

在现实经济生活中,没有人怀疑经济波动存在的必然性。经济的稳定增长是相对的,经济波动却是绝对的。

现代经济发展的历史表明,经济增长过程中的波动从未中断过。经济波动造成生产资源的浪费,引发诸多社会问题,导致国际贸易关系的恶化。因而,经济波动成为时代忧虑的焦点。虽然各国在不同时期或经济发展的不同阶段,其经济波动的剧烈程度、持续时间和产生的影响有所差别,而且各国政府为抑制经济波动而采取的措施也不相同,但是,没有一个国家可以消除经济波动。

★ 什么是经济周期?

经济波动具有不同类型。有些经济波动持续时间较长,有些经济波动持续时间较短;有些经济波动有规律性,有些经济波动是无规律的。各种类型的经济波动交织在一起,导致经济增长的不稳定。

在人们的日常生活中,许多经济活动具有严格的规律性。工厂、商店、银行等企事业单位的职工每天上午某个时刻上班,工作 8 小时之后下班;每个星期有一天或两天休息日;在休息日,工厂或企业停止生产经营活动。对于这类每日一周期或每周一周期的作息波动,人们已经习以为常,产销等经济活动并不会因此而受到影响。对经济活动有影响的短周期经济波动是季节波动。季节波动在时间上有较强的规律性,周期在一年以内。广义的季节波动并不仅仅是指受自然季节变化影响、以日历年度为一个周期的经济波动。社会风俗、消费习惯、供货周期和商业惯例等因素都可能引起季节波动,这类季节波动的周期可能短到几个月,甚至几周。所以,这里的季节波动主要是指一年之内经济活动的淡季和旺季有规律地更迭。

周期在一年以上的经济波动通常称作经济周期,或周期波动。经济周期的周期从几年到十几年不等,一个周期和下一个周期可能相差很远,因此经济周期的规律性主要不是指在时间上的定期性,而是指周期波动的各个阶段按一定次序重复出现、循环不止。经济周期具有较强的使各类经济活动发生同步波动的趋向。虽然它对外因变动也很敏感,但其基本上决定于经济系统内部因素的相互作用。在各种类型的经济波动中,经济学家和政府决策者最关心的是经济的周期波动。

★ **经济周期的影响及其调控**

经济的周期波动导致了宏观经济运行的不稳定,引发了很多宏观经济问题。其中,失业和通货膨胀是与经济周期密切相关的两大宏观经济问题。在经济处于衰退、收缩、萧条等不景气时期,经济增长速度,甚至经济总

量的绝对水平，会呈现下降趋势，失业会增加；在宏观经济过快增长、经济处于过热时期，会出现通货膨胀问题。

在经济全球化趋势的推动下，各国经济的相互依存度明显增加。经济周期出现了跨国同步的趋势。1997年，事发于泰国的亚洲金融危机，影响到了亚洲的所有国家。2008年，美国的次贷危机所引发的全球金融危机，波及了世界所有国家。

政府对经济周期的管理，在宏观经济层面，主要是制定和实施逆周期的宏观经济政策。其中，总需求管理的宏观经济政策主要是财政政策和货币政策。在经济衰退和收缩时期，政府实施扩张性财政政策和扩张性货币政策，通过扩大总需求推动产出水平的提高，从而解决失业问题。在经济过快增长和过热时期，政府实施紧缩性财政政策和货币政策，通过控制总需求增长和货币过度扩张，解决通货膨胀问题。

▶ 什么因素导致了失业？

★ 什么是失业？

失业人员是指在一定年龄范围内，有工作能力，没有工作但仍在积极寻找工作的人员。在进行失业统计时，失业的持续时间是一个重要的参考因素。通常在过去的一段时间(如4周)为了寻找工作进行了努力和尝试(例如参加工作面试)却都无果的人员,被统计为失业人员。在进行失业统计时,没有工作,而且在过去的一段时间(如4周)也没有寻找工作的人员既不是失业人员也不是就业人员,而是非劳动力人员。

★ 失业的类型

摩擦性失业、结构性失业和周期性失业是失业的三种基本类型。

摩擦性失业是指在劳动力正常流动过程中所产生的失业。在一个动态的增长经济中,一方面企业技术进步、产品更新换代、业务流程调整、组织变革等因素,导致新的工作岗位不断出现,旧的工作岗位不断消失。在这个过程中,人们放弃原有工作或被解雇,开始寻找新的工作岗位。另一方面,退休人员流出劳动力市场,新毕业的年轻人流入劳动力市场。经济中总有一些企业有空余的工作岗位,也总有一些人在寻找工作。企业需要花时间挑选其满意的求职者,而求职者也需要花时间选择自己满意的工作。这些失业者就是摩擦性失业者。

结构性失业是指国内经济结构变化或国际竞争格局

的改变,引起劳动力供求结构中技能、职业、产业和区域分布等方面的不一致所产生的失业。产业结构调整是产生结构性失业的最主要原因。在一个经济结构变化速度较快的经济中,不同产业之间的更替速度也在加快。衰退产业的工作岗位会逐渐消失,劳动力会以失业者的身份退出这类产业。新兴产业快速增长,创造出日益增多的就业机会,吸引劳动力进入这类产业。在劳动力离开衰退产业进入新兴产业寻找工作期间出现的失业,就是结构性失业。如果这种经济结构的变动是区域性的,就会出现一些地区存在大量失业,另一些地区则存在用工紧缺的现象。因而,伴随着经济结构的变动,劳动力会出现大规模的跨地区流动或举家迁移。

产业结构的变动会使一些失业人员的原有技能与新的工作岗位的要求长期得不到匹配。例如,新兴的计算机软件行业迅速成长,传统的钢铁行业不断萎缩,失去工作的钢铁工人可以到计算机软件公司寻找工作,但是他们缺乏在计算机软件行业工作的知识、经验和技能,需要较长时间进行调整。因为失业者必须接受培训,获得新的工作技能,或者跨地区寻找工作,结构性失业持续的时间通常比摩擦性失业长。

周期性失业是指因经济的周期波动而产生的失业。

在经济周期的不同阶段,失业率往往有较大的差距。在经济衰退(收缩)时期,失业率会不断上升,通常在周期波动的波谷或经济严重萧条时期,达到最高;而在经济复苏或扩张时期,失业率会不断降低,通常在周期波动的波峰时达到最低。

周期性失业是总量性的失业,与总供求的波动密切相关,是经济中对劳动力的总需求量少于劳动力的总供给量而产生的失业。一定时期内,一国经济中的劳动力供给比较稳定,周期性失业多由于总需求变动,所以周期性失业有时也称为需求不足失业。

★ 经济中为什么存在失业?

除了经济结构变动和经济周期波动导致失业之外,下列因素也是需要考虑的。

• 人口结构。相对于中年人来说,年轻人经常"跳槽",摩擦性失业和结构性失业就更严重一些。女性人口的比重增加,同样会提高失业率。教育结构不适应劳动市场的需求结构,会产生毕业即失业的现象。在美国,非洲裔、拉美裔、西班牙裔的失业率高于其他族群,移民导致的族群结构变化,是影响美国失业率的重要因素。

• 就业服务机构。这类机构通过收集劳动力市场信

息、职业介绍、职业指导和相应的职业培训等手段,帮助企业招聘职工和劳动者就业。就业服务可以分为公共就业服务和私营就业服务。前者由政府举办,我国在地级市、区(县)两级政府普遍设有就业服务中心,并延伸到街道(乡镇)和社区;后者是各类以营利为目的的就业服务和培训。发达的就业服务机构和网络有助于减少摩擦性失业。

• 失业救济。大部分国家都对失业人员采取一些收入保障政策,包括失业保险、对失业人员免税、发放失业救济金等。我国推行失业保险制度,通过立法强制实行,由社会集中建立基金,对因失业而中断生活来源的劳动者提供物质帮助。

• 工资和税收政策。世界各国一般都有关于最低工资的法律规定,最低工资常常高于市场出清的工资水平。最低工资的升高会影响企业的用工决策,从而会使失业率升高。决定企业劳动需求的是企业付出的工资总额,而不是工人的实际所得工资,两者的差别在于政府对工人工资的征税情况。如果政府的税率提高,就会增加企业的工资负担,从而减少企业对劳动力的需求,增加失业。

★ 如何解决失业问题？

失业会给一个国家带来经济成本、心理成本和社会成本。失业的经济成本主要体现在由于劳动力没有得到充分利用而造成的产出损失。劳动力是重要的生产要素，失业或劳动力的闲置本身就是资源的浪费，而且劳动力资源不能储存，如果不能在本期使用，就会成为永久性浪费。伴随着失业，生产设备和其他生产资源也会闲置，从而减少了社会产出。从全社会角度看，失业者不仅不用缴纳所得税，还会从政府那里获得失业救济金之类的援助，而政府预算上的这种转移支付会给所有纳税人带来成本。

失业的心理成本主要由失业者及其家庭承担。长期处于失业状态易使人罹患心理疾病，如失去自尊、灰心丧气、对自己的未来缺乏信心，严重时可能会导致自杀行为。失业者的家庭也会因为收入减少所造成的经济困难而出现矛盾，导致家庭结构的不稳定。经济发达国家通常会实行失业保险制度，在一定程度上缓解了失业者及其家庭的心理压力。

失业的社会成本是失业的经济影响和心理影响带来的共同结果。失业直接影响着社会的稳定。在失业率高

的时期，犯罪、家庭暴力、离婚、酒精中毒、吸毒，以及其他社会问题通常也会加剧，社会必须动用更多的公共资源去解决这些问题。而且，失业还关系到政局的稳定。当失业率较高时，政府和当政者会受到人们的指责和反对。所以，政府在制定任何一项宏观经济政策时，必须考虑政策的实施对事业的影响。

对失业的治理，主要是政府的责任。对于需求不足导致的失业，政府可以通过财政政策、货币政策等需求管理手段进行调节。对于摩擦性失业，政府可以完善就业服务网络，引导公众树立现代就业观念，灵活就业。对结构性失业，政府要加大教育培训，改进失业人员的技能，还要对就业吸纳能力强的部门进行政策倾斜。此外，政府应完善包括失业保险在内的社会保障体系，保证失业人员的基本生活。

在我国的就业问题中，政府还应特别注意加强对就业困难人员的服务和救济。就业困难人员主要包括以下群体：一是零就业家庭，指城镇居民户籍家庭中，在法定劳动年龄内有劳动能力且有就业愿望的家庭成员无一人就业的家庭。二是大学毕业生，2008年以来，我国每年的大学本科毕业人数都超过500万人，2020年达到874万人，除去继续深造和出国的，再加上往年没有就业的，每年实际新增的就业人数接近1 000万。三是农民工,他们的特点是就业能力弱,文化程度低,未接受过必要的技能培训,所以就业难度大。

▶ 为什么会出现通货膨胀?

★ 什么是通货膨胀?

通货膨胀是指价格水平普遍性、持续性上涨的过程。在现实经济生活中,由于各种因素的影响,产品和服务的市场价格会不断发生变化,在一些产品和服务价格上升的同时另一些产品和服务的价格可能会下降。通货膨胀不是指个别产品和服务价格的上升,而是指经济中的产品和服务的价格普遍性地上涨。而且,这种上涨不是短期的,而是产生持续性影响的。与此通货膨胀相反的变化过程叫作通货紧缩,它是指价格水平普遍地、持续地下降。

★ 通货膨胀的类型

➡ 按通货膨胀率高低进行分类

- 低通货膨胀,是指通货膨胀率为一位数时的通货膨胀。在低通货膨胀的情况下,由于货币贬值的幅度不大,人们对货币仍有信心,仍愿意持有货币,价格水平的上涨对经济运行没有产生严重影响。

- "飞奔的"通货膨胀，是指通货膨胀率达到两位数甚至三位数时的通货膨胀。在"飞奔的"通货膨胀的情况下，价格水平的大幅度上涨对经济运行和人们的日常生活均产生了显著影响。金融市场可能会因资本外逃而萎缩，金融机构不愿意以较低的利率借出货币，人们会增加商品实物的储存并减少日常交易所需持有的货币，企业在签订长期交易契约时会将价格上涨因素考虑在内。

- 恶性通货膨胀，是指价格水平完全失去控制、无限制地加速上涨情况下的通货膨胀。在这种特殊时期，价格水平的上涨可能在短期内达到数千倍。流通货币量的增长大大超过货币流通速度的增长，货币购买力急剧下降，人们对持有本国货币失去信心，希望尽可能快地将货币变成实物，并且在市场交易中以实物交易代替货币交易，导致市场经济无法正常运行下去，甚至使国内货币体系和国民经济崩溃。

➡ 按政府对通货膨胀干预的程度分类

- 公开的通货膨胀，是指政府对价格水平的上涨不进行任何干预，完全从价格水平的上涨中反映出来。通货膨胀率等于公开的价格水平上涨率。

- 抑制的通货膨胀，是指政府采取某种形式对通货膨胀进行了干预。政府干预的形式可以是价格管制，这时商品价格被人为地压低，经济中总需求大于总供给，商品供不应求，出现普遍性的短缺经济特征。政府还可能在官方公布的数据中隐瞒真实的通货膨胀情况，以期改变人们对通货膨胀的心理预期。

➡ 按价格上涨的范围分类

• 均衡的通货膨胀，是指所有产品和服务的价格都按照同一比例上涨，最终产品和中间产品（各种投入要素）的相对价格不变。在这种情况下，通货膨胀对现金持有者的影响最大，因此人们不愿意以现金的形式持有货币。

• 不均衡的通货膨胀，是指不同产品和服务的价格上涨幅度不一致，它们之间的相对价格会发生变化，从而会导致经济结构的变动。不均衡的通货膨胀是一种结构性通货膨胀。在现实生活中，通货膨胀多数情况下是不均衡的通货膨胀，在经济周期的不同阶段，不同类型的经济活动的周期性波动往往不是同步进行的，从而导致不同类型的产品和服务的价格变动幅度和方向存在差异。

★ 经济中出现通货膨胀的原因

• 货币供给过多。如果货币流通速度和实际产出不变，价格水平与货币存量就按同比例变化，即货币供给的

增加会引起相同比率的通货膨胀。短期内恶性的通货膨胀通常就是由货币发行量过多引起的。

• 需求拉动。总需求增加时，如果总供给曲线向上倾斜——按照本书的解释，意味着国民经济原本是均衡的，且价格向上调整存在黏性——总体价格水平上升，这样的通货膨胀称为需求拉动型通货膨胀。

• 成本推动。宏观经济遭受总供给冲击，比如原油价格升高、进口原材料涨价、地价攀升、法律等原因引起的工资上涨，使总供给曲线向上平移，也会使总体价格水平上升，这样的通货膨胀称为成本推动型通货膨胀。

需求拉动型通货膨胀和成本推动型通货膨胀有时会一起发生，这样的通货膨胀称为混合型通货膨胀。

★ 通货膨胀的治理

对通货膨胀的治理要针对其产生的原因，一般来说主要有以下方式：

• 控制货币供应量。通货膨胀是一种货币现象。各国在治理通货膨胀时所采取的首要对策就是控制货币供应量，使之与货币需求量相适应，减轻货币贬值和通货膨胀的压力。

• 调节总需求。该方式主要通过实施紧缩的财政政策和货币政策来实现。降低总需求可以降低通货膨胀,但会使失业率上升。

• 降低成本。降低成本能够缓解紧缩的财政政策和货币政策对就业的不利影响。具体包括:通过稳定能源、主要原材料、土地的价格,缓解成本推动型通货膨胀;推广节能技术,降低能耗;增加有效商品的供给,消除国民经济的瓶颈行业。

• 改变公众预期。降低公众预期是抑制通货膨胀的重要手段。中央银行要让每一个人都确信,它对通货膨胀持强硬立场。

• 采用指数化措施。在一些国家,治理通货膨胀的一种手段是指数化,最常见的是指数化债券和指数化工资。所谓指数化债券,是指债券本金和利息的到期支付根据既定的通货膨胀率调整的债券。该种债券发行时通常先确定一个实际票面利率,而到期利息支付除按票面确定的利率标准外,还要再加上按债券条款规定期间的通货膨胀率,本金的到期支付一般也根据债券存续期间的通货膨胀率进行调整。指数化债券的持有人收到的利息等于宣布的实际利息(譬如说 5%)加上通货膨胀率。

如果通货膨胀率为10%，债券持有人将获得15%的利息；如果通货膨胀率为20%，事后支付的名义利率为25%。通过这种方法，债券持有人在通货膨胀中得到补偿。所谓指数化工资，是指将货币工资的增加与通货膨胀联系起来，使工人在签订劳动合同之后全部或部分地恢复他们在通货膨胀中损失的购买力。比如签订劳动合同时约定的月薪是2 000元，但很快价格水平上升了20%，则按照指数化工资的条款，月薪自动上浮，企业支付给工人的货币工资变为2 000元×(1＋20%)＝2 400元。这样，工人工资的购买力不再会因为通货膨胀而下降了。

开放经济面临的挑战

> 国际贸易的效益在于：生产要素在全世界范围内被更加有效地利用。
>
> ——约翰·斯图尔特·米尔

开放经济，通常是指那些积极参与国际经济交往的经济体。如果一国与其他国家有着各种各样的经济交往，包括国际贸易、国际金融往来、国际技术与信息交流，以及跨国的资金、劳动力和智力资本等有形或无形的生产要素流动，该国的经济就是开放经济。其中，一定时期内一国的国际贸易额占其GDP的比重是衡量该国经济开放程度的一个重要指标。

与开放经济对应的是封闭经济。封闭经济是指一国与其他国家没有经济交往，经济活动仅发生在国境线之

内,经济系统处于封闭状态。实行封闭经济的国家通常要设置各种贸易壁垒,实施资本管制,严格限制物品、服务和资本的跨国流动,国内经济缺乏活力,经济发展水平较低。

一国经济发展水平越高,市场化程度越高,其经济通常就越趋于开放。在经济全球化的趋势下,开放型经济发展已成为各国的主流选择。开放经济强调把国内经济和整个国际市场联系起来,尽可能充分地参加国际分工,同时在国际分工中发挥出本国经济的比较优势。在开放经济中,生产要素、产品与服务可以较为自由地跨国流动,从而可以利用各国的不同条件实现稀缺资源的优化配置和经济效率的不断提高。

▶ 经济全球化及其产生的相互依存关系

★ 经济全球化

经济全球化是当今世界经济发展的重要趋势。一方面,经济全球化促进了资本、信息和产品的跨国流动,以及科技成果的全球性扩散,有利于稀缺资源和生产要素的优化配置,是人类社会发展进步的表现。另一方面,经济全球化导致跨越国界的竞争更加激烈,国际资本投机活动日趋活跃,甚至对国家主权和发展中国家的民族工业造成了严重冲击。

在全球经济体系中,各国经济的对外依存度大幅度提高,一国经济的波动会很快波及其他国家。由于经济发展水平和竞争实力的不同,经济全球化在一定程度上导致发展中国家与发达国家的差距进一步被拉大。

那么,什么是经济全球化呢?经济全球化是指世界各国通过对外贸易、资本流动、技术转移、服务外包、人力资源和信息资源的跨国流动等方式开展超越国界的经济活动,使其经济在全球范围内形成日趋紧密的、相互依存的、相互联系的经济一体化过程。

经济全球化的概念出现于20世纪80年代中期,在20世纪90年代被普遍接受,但时至今日仍没有统一的定义。一种观点认为:经济全球化是一个历史过程。在世界范围内,各国、各地区的经济相互交织、相互影响、相互融合,形成"全球统一市场"和规范各国经济行为的全球规则,并以此为基础建立了经济运行的全球机制,生产要素在全球范围内自由流动和优化配置。因此,经济全球化是指生产要素跨越国界在全球范围内流动,各国、各地区的经济相互融合成整体的历史过程。

国际货币基金组织(IMF)在1997年5月发表的一份报告中指出:"经济全球化是指跨国商品与服务贸易及资

本流动规模和形式的增加,以及技术的广泛和迅速传播使世界各国经济的相互依存性增强。"而经济合作与发展组织(OECD)认为:"经济全球化可以被看作一种过程,在这个过程中,经济、市场、技术与通信形式都越来越具有全球特征,民族性和地方性在减少。"

概括来说,经济全球化是指以市场经济为基础,以先进科技和生产力为手段,以发达国家为主导,以经济效益最大化为目标,通过分工、贸易、投资、企业和要素流动等,实现各国市场相互协作、相互融合的过程。

★ 企业经营活动的相互依存性

在经济全球化的过程中,企业越来越深刻地认识到各国市场间相互依存性不断增加。这种相互依存性主要表现在三个方面:

• 跨国经营规模的相互依存性。企业选择在一个地方集中进行产品或零部件的生产,面向全球市场销售,以实现产品生产的规模经济。

• 跨国经营业务的相互依存性。随着市场环境的改变,企业为了利用雇员薪金以及资源成本等各方面的差异,可以将生产活动由一个地方迁到另一个地方。

- 跨国经营领域的相互依存性。企业逐渐意识到要从不同国家的市场学习,将其消化吸收并进行利用,以提高企业在市场中的战略地位。在不同地域市场,有时候也包括在不同产品市场进行经营的企业,可以运用某个市场的特殊性开发出适合其他市场的新产品和新生产工艺。

▶ 各国经济的相互依存性

在经济高度全球化的今天,没有一个国家能够在经济隔绝的状态下生存。一国经济的各个方面,诸如工业、服务、收入、就业水平和生活水准等,都与其贸易伙伴的经济紧密相连,联系的方式包括国际的信息和产品的流动,劳动力、资本和原材料等生产要素的流动,技术、专利和商标、品牌等无形资产的流动。

★ 各国经济相互依存性的含义

各国经济的相互依存性是世界政治经济秩序历史演进的结果。爆发于20世纪的第二次世界大战结束后,美国成为世界上政治和经济最强大的国家。人们常用"美国打一个喷嚏,其他国家就要感冒"来描述这种格局。随着时代的发展,美国的经济也越来越多地融入其他国家

的经济活动之中。20世纪50年代欧共体(现在的欧盟)的建立,20世纪60年代以来跨国公司在全球经济中重要性的提高,以及20世纪70年代石油输出国组织(欧佩克)在国际石油市场上的翻云覆雨,使得全球经济进入了一个国家之间相互依存性日益增强的复杂的发展阶段。事实上,任何一个国家在制定本国的经济政策时往往需要考虑到对其他国家经济可能产生的影响。

近些年,全球经济相互依存性的特征日趋显著、复杂,其影响是不均衡的。例如,对于像能源和原材料这样的资源,一方面西方发达国家依赖欠发达国家的供给来满足部分消费需求。然而,这种依存性在不同国家中是不同的。与美国相比,欧洲国家和日本对外国能源和原材料的依存性要更强。另一方面,发展中国家的经济活动在很大程度上也依赖于发达国家的出口。

国际的借贷行为是强化国家之间相互依存性的一个重要因素。例如,在整个20世纪70年代,南美的中等收入发展中国家(例如巴西、阿根廷和墨西哥)的高速增长被广泛认为是一个取得巨大成功的典范。它们的成功对增加制造业产品的出口具有特殊的重要性。然而,这种成功在很大程度上归功于发达国家提供的贷款。基于对出口收益和利率过于乐观的预期,这些国家过度借债以资助其增长。随后，由于对出口商品需求的全球性衰退、高利率和急剧下跌的石油价格的影响，这类国家每年偿还国外贷款的本金和利息要超过其出口产品和劳务的总值，由此产生的债务危机导致债务国的经济严重衰退和国际金融体系的崩溃。

在过去的 10 年间，世界市场经济实现了前所未有的相互融合。对于大多数国家来说，构成国民产出的出口和进口达到了历史最高水平，对外投资和国际借款扩张的速度比世界贸易更快。全球化的国际贸易和国际金融使得每个国家的生产者可以享有利用专业化和大规模生产的经济性，消费者能够以更低的价格消费种类更多的产品。各国经济的相互依存性的增加使得人们对汇率变化的敏感性显著提高。简而言之，各国经济的相互依存性已经成为一个复杂的全球性问题，它在不同国家之间，甚至一个特定国家的不同部门之间经常会产生不均衡的影响，由此产生的大量争端和问题往往需要在国际层面上进行合作来处理。

★ **各国经济的相互依存性对国内经济的影响**

国际经济相互依存性的增强对国内经济具有怎样的意义？开放经济与外国进行贸易有助于消除国内通货膨

胀的压力。例如，在 1981—1985 年，美元的外币价值上涨在很大程度上是因为美元的高利率吸引了其他国家到美国投资，增加了对美元的需求，因此抬高了美元的价格。而美元的利率高是由紧缩的货币政策和扩张的财政政策、较低的国内储蓄率造成的。美元对外国货币汇率的上升，导致美国进口商品的美元价格下降，使得通货膨胀率维持在较低水平。

各国经济的相互依存性增强使得一国经济更易遭受到其他国家经济动荡的影响，如国际油价等大宗商品价格的波动。另一方面，一国经济开放程度的提高也有助于平缓本国经济的波动。在国内经济衰退期间，世界的其他市场起着可以倾泻国内剩余产出的作用；相反，在短缺时期，世界其他部分的产出可以用来满足国内消费。较高的开放程度也影响着财政政策，假如国内居民把他们收入中的更大比例用于购买进口商品，增加国内居民收入和支出的扩张性财政政策，通过进口的增加会更快地扩散到海外，从而会减弱财政政策对国内经济的影响。

一个国家的主要经济目标是为其人民创造高水平并不断提高的生活标准。实现这个目标靠的是达到高水平的生产率。随着时间推移，生产率是一个国家生活标准的关键性决定因素，因为它构成了人均国民收入的基础。

高生产率不仅有助于实现高收入，还使人们能够有更多的闲暇而不是长时间的工作。国际贸易和国际投资使得一个国家无须在国内生产所有的产品和劳务，即在本国企业相对外国对手具有更高生产率的产业中实行专业化生产，进口本国企业生产率较低的产品和劳务。通过这种方式，资源从低生产率行业转移到了高生产率行业，从而提高了经济的平均生产率水平。进口和出口对提高生产率都是必要的。没有一个国家可以在所有产品的生产上都具有竞争力，也不可能是所有产品的净出口国。一个国家的资源存量毕竟有限，理想的状态是以最有效率的方式利用这些资源。具有竞争优势的产业出口的成功会促使该国对劳动力和资本需求的增加，从而导致成本上升。投入要素成本的提高会进一步削弱国内其他产业的竞争力。扩大富有竞争力的产业的出口也会使本国货币在外汇市场上更加昂贵，这会给国内其他产业的出口造成更多困难。即使像美国和日本生活水平很高的国家，许多产业中的国内生产商也不具有竞争力。

改善一个国家的生活水平，做到在其生产率相对低的产业中进口产品并在其生产率相对高的产业中增加出口，是至关重要的。国际竞争可以通过这种方式促使一个国家不断提升其生产率。然而，这种升级过程的结果

是，一个国家在获得经济繁荣的同时就要牺牲在一些产业中的市场地位。为了保护不具有竞争力的产业而实行进口限制或补贴措施，会阻碍经济的升级，从而阻碍国家的经济繁荣。

★ 各国经济的相互依存性对就业的影响

在经济全球化的影响下，各国工人的生活也日益密切地联系在一起。世界上的绝大多数人口生活在其产品和金融市场已经融入或者正在快速融入全球市场的国家之中。这种全球化趋势可以让更多工人受益，使他们能够购买更便宜的消费品和更有利于发挥他们技能的设备。随着他们生产的产品价值的增加，国际贸易使工人变得更有效率。出口产业中的工人享受到了开放贸易体制带来的好处，生产出口产品能为本国工人创造就业机会，增加收入。但是，不是所有国家的工人都能从国际贸易中获益。工资成本较低的国家的工人生产廉价出口商品，使得工资成本高的国家的一些工人面临着失业的威胁。产业的跨国转移在改变相关国家经济结构的同时，也会影响这些国家的就业结构。

随着一国经济对外开放程度的不断提高，国内价格与国际价格越来越趋于一致。对于那些拥有的技能在国际市场比在国内市场更为稀缺的工人来说,他们的工资趋于上升;对于那些面临日益激烈的国外竞争的工人来说,他们的工资则趋于下降。当外国的经济对国际贸易开放时,国际市场上各种技能的相对稀缺性会进一步发生变化。受到伤害的国家中,数量众多的工人所拥有的技能正变得不太稀缺,除非一国在生产率的收益上能够与竞争对手相抗衡,否则它的工人的工资水平就会下降。

一国进口钢铁或汽车可能会减少本国钢铁或汽车业的就业机会。但是,进口并不一定会导致一国经济中就业总量的减少。该国进口的大量增加必然会促使其增加出口或吸引外国直接投资。例如,美国人突然想要购买更多的欧洲汽车,美国就必须通过增加出口来获得对购买欧洲汽车的支付能力。一个产业中工作岗位的损失会被另一个产业中工作岗位的增加所弥补。因此,贸易壁垒的长期效应不是增加了国内的就业总人数,充其量是把工人从出口产业重新配置到效率较低的进口竞争产业中。这种重新配置导致了资源利用的低效率。

❋ 专栏　逆全球化会成为趋势吗?

2016年世界发生了两件当时被称作"黑天鹅事件"的

事情,使人们对经济全球化产生了新的认识。第一件是英国的脱欧公投表决通过,第二件是在美国总统大选中特朗普当选。这两个事件对经济全球化产生的影响是负面的,即逆全球化影响,一时间"逆全球化如何产生的?""逆全球化是否会成为一种趋势?""针对逆全球化及其影响,中国应该如何应对?"等,成为人们关注的话题。尽管英国正式脱欧和特朗普"下台"这两个事件成为历史,但其影响依然存在。

顾名思义,逆全球化就是与全球化相反的过程,是在贸易保护主义和民粹主义思潮抬头的形势下,减少物品、资金、服务和技术等产品和生产要素跨国流动,从而削弱各国之间经济联系的一种现象。逆全球化现象是如何产生的?对这一问题尽管有不同解释,但是各国寻求新的利益均衡是最重要的原因之一。

国家与国家之间最根本、最核心的关系就是利益关系,逆全球化源于不同国家之间的利益均衡关系被打破。从历史上看,逆全球化现象通常出现在世界经济形势恶化、经济衰退和萧条持续时间较长的时期,1929年下半年爆发的经济危机所导致的持续了10多年的经济大萧条时期出现过,2008年的全球金融危机导致的持续至今的全球经济不景气环境再次出现。2020年初爆发并蔓延至全球绝大多数国家的新冠肺炎疫情,加剧了逆全球化的趋势。新冠肺炎疫情扰乱了全球供应链,冲击了各国经济稳定。全球供应链是支撑经济全球化的重要力量,在一个高度依存的全球经济体系中,任何一个经济体,特别是作为全球供应链的关键环节的经济体发生暂时的生产停摆或贸易限制,都会给其他经济体带来不容小觑的外部冲击。面对新冠肺炎疫情的威胁,一些国家发现由于产业分工,连口罩、呼吸机和防护服等医疗资源都无法自给自足,一旦全球供应链中断便束手无策。而且,一些国家各自为政,互相指责,甚至以邻为壑,强行截断他国的抗疫物资。这种情况使得本已处在逆全球化、孤立主义、民粹主义潮流下的世界,自然而然地出现反全球化、封闭排外的思潮。

特朗普就任美国总统以来,采取了各种措施,制造贸易摩擦,以兑现他的"美国优先"战略。新冠肺炎疫情的爆发,促使美国等发达国家不断加码贸易壁垒,迫使本国企业迁回在海外投资的制造业,导致全球贸易下滑、跨国投资规模骤降、经济增长速度停滞,甚至倒退。有学者认为,特朗普并不是真正反对全球化,而是要打乱几十年形成的世界经济格局,重新构建有利于美国的新经济格局。

无论是全球化还是逆全球化,发达国家都是始作俑

者和主导者。发达国家当前出现的反全球化现象,很大程度上是因为这些国家的国内政策失当,导致了利益分配严重不均。经济利益得失不是全球化的全部,政治、社会、技术等方面的因素也会影响一个国家的政策选择,比如移民、难民和恐怖袭击等问题,如果发达国家中的不平等现象难以解决,导致政治生态发生重大变化,全球化进程就可能受阻、放缓。

那么,逆全球化会成为一种趋势吗?对于这个问题,学者和媒体普遍认为:经济全球化是世界经济发展到高级阶段出现的一种现象,是伴随着科技进步和社会生产达到更高水平,阻碍生产要素在全球自由流通的各种壁垒不断削减,各国经济相互依赖、相互渗透大大加强,而逐步形成的一种客观历史进程。目前世界范围内展开的经济全球化实质就是世界范围内的市场经济化,全球经济通过市场机制这只"看不见的手"使各种生产要素或资源在世界范围内流动,从而实现生产要素或资源在世界范围内的最优配置。全球化发展的本身是经济规律,是现代化大生产超越国界,形成世界范围内的分工、交换、流动的结果。因此,欧美国家实施孤立主义和闭关政策,放弃经济全球化带来的经贸利益,并非化解美欧当前社会矛盾的根本途径。世界经济重现繁荣需要开放的全球性市场。

▶ **国际贸易基础与国际贸易政策**

★ **国际贸易基础**

在经济全球化趋势的推动下,世界各国的国际贸易规模在不断扩大,国际贸易的结构也在不断变化。尽管以美国为首的发达国家在国际贸易中仍占据着主导地位,但是中国、印度等发展中国家的国际贸易增长迅速,在世界范围的国际贸易中发挥的作用日益显著。可以说,国际贸易已经成为影响世界政治经济格局的最重要的一种因素。

中国实行改革开放政策以来,国际贸易对拉动经济增长的贡献十分显著。中国加入 WTO 之后,国际贸易进一步快速增长。尽管近几年国际市场不景气、世界贸易大幅下滑,但中国的进出口贸易情况仍好于其他主要经济体。2019 年,中国进出口总值 31.54 万亿元,比 2018 年增长 3.4%,其中,出口 17.23 万亿元,增长 5%;进口 14.31 万亿元,增长 1.6%;贸易顺差 2.92 万亿元,扩大 25.4%。2021 年 1 月,中国海关总署发布的数据显示,中国在 2020 年实现的货物贸易进出口总值达到 32.16 万亿元,比 2019 年增长 1.9%。其中,出口 17.93 万亿元,增长 4%;进口 14.23 万亿元,下降 0.7%;贸易顺差

3.7万亿元,增加27.4％。2020年,由于新冠肺炎疫情的影响,世界经济增长和全球贸易遭受严重冲击,在这样困难的情况下,中国的外贸进出口展现了强劲的韧性和综合竞争力,全年进出口、出口总值创历史新高,成为全球唯一实现货物贸易正增长的主要经济体。根据WTO和各国已公布的数据,2020年前10个月,我国进出口、出口、进口国际市场份额分别达12.8％、14.2％、11.5％,货物贸易第一大国地位进一步巩固。

中国已经保持世界最大贸易国的地位多年,货物进出口总额居世界第一位,对外服务贸易总额居世界第二位,贸易结构持续优化,贸易的质量效益也在不断提高。

★ 国际贸易活动

贸易属于商业行为,其本质是在平等互利的前提下进行的物品或服务的市场交易。两个贸易者之间的贸易称为双边贸易,多于两个贸易者的贸易则称为多边贸易。由于主权国家的存在,贸易活动被分成国内贸易和国际贸易两大类,不论从贸易的形式、贸易的成本,还是贸易的影响范围,这两类贸易都存在明显差异。

主权国家政府的作用。国内贸易仅涉及本国的消费者和企业,国际贸易则需要与不同国家的消费者和企业打交道。每个国家都是一个主权实体,主权国家的政府为了维护本国利益,通常会对跨越国界的商品、资金、技术和人口的流动施加各种干预。例如,为了减轻本土企业面对的来自国外的竞争压力,主权国家一方面会通过关税或配额,对国际贸易设置壁垒;另一方面,政府可以通过提供补贴,提高本土企业出口产品的竞争力。

国内贸易通常只用本国货币结算,国际贸易则需要用外汇结算。一个国家的经济增长、物价水平、汇率波动,以及对其汇率的管理方式,都会直接影响该国的国际贸易活动。汇率是国际贸易价格,在国际市场上,汇率发挥着协调买者和卖者均衡关系的作用。当然,在经济全球化高度发展的今天,即使是主权国家之间的贸易也可以使用统一的货币单位结算。例如,20世纪90年代,许多欧洲国家决定放弃本国货币,使用一种称为欧元的新货币,2002年1月1日,欧元开始在19个国家流通;2002年7月,在使用欧元的国家区域,即欧元区,欧元成为唯一的合法货币,欧元内的国家实施统一货币政策。之前使用的法国法郎、德国马克、荷兰盾、奥地利先令、比利时法郎和意大利里拉等货币类型不复存在。欧元区的国家采用共同货币后,相互之间的贸易往来更加方便。不过,欧元区国家选择共同货币也有代价,由于不同国家

的经济发展水平、应对经济危机的能力、国际贸易分工合作的方式不同,在确定什么是最好的货币政策时往往存在分歧,需要大量的协调工作。

★ **物品的跨国流动**

物品和服务的跨国流动,即国际贸易,涉及三个基本概念:出口、进口和净出口。

出口是一国的国际贸易行为,是指将国内的物品(如汽车、机床、轮胎)、服务(如运输、保险、劳务)、技术以及贷款和投资的利息输出到国外的贸易行为。出口值是指一定时期内在本国生产并销售到其他国家的物品与劳务的价值。当中国的服装制造企业将其生产的服装卖给美国的服装经销商,这种销售对中国来说是出口,对美国来说是进口。

进口也是一国的国际贸易行为,是指其他国家将其生产的物品和服务输入本国的贸易行为。进口值是指一定时期内在其他国家生产并销售到本国的物品与劳务的价值。

净出口是指一定时期内本国的出口值与进口值之差额。净出口又称为贸易余额,如果一国的出口大于进口,即净出口为正值,则该国有贸易盈余,或贸易顺差;如果一国的出口小于进口，即净出口为负值，则该国有贸易赤字，或贸易逆差；如果一国的出口等于进口，即净出口为零，则该国有平衡的贸易。

不同国家经济的开放程度和在国际市场上的竞争力不同，其国际贸易的平衡关系也千差万别。因而，不同国家政府和民众所关心的国际贸易及其相关问题也不尽相同。例如，据美国商务部统计，2019 年美国货物进出口总值为 41 435.7 亿美元。其中，出口 16 451.7 亿美元，进口 24 984 亿美元，贸易逆差（贸易赤字）8 532.3 亿美元。2019 年，中国货物贸易进出口总值为 31.54 万亿元。其中，出口 17.23 万亿元，进口 14.31 万亿元，贸易顺差 2.92 万亿元。自 2009 年以来，中国就成为货物出口贸易的第一大国，并且优势逐年扩大。而美国则是货物进口贸易的第一大国，虽然中国的进出口贸易总额在 2015 年超过美国，成为世界排名第一的贸易大国，但是货物进口贸易额仍低于美国，居第二位。对于美国来说，贸易赤字及其相关的财政赤字、资本外流、就业岗位损失等问题，是政府和民众所关心的问题，美国的很多经济学家也十分重视对这类问题的研究。对中国来说，如何有效利用贸易顺差所积累的巨额外汇储备，外汇储备保持在什么

样的水平上是最佳的,怎样优化贸易结构等问题,是政府和经济学界所关心的主要问题。

★ 金融资本的跨国流动

与物品和服务的国际贸易活动紧密相关的是金融资本的跨国流动,包括资本流出、资本流入和资本净流出。

跨国的资本流出具有两种基本形式:对外直接投资和对外间接投资。对外直接投资是指在企业内部进行的跨越国界的投资,投资的形式包括货币资本、技术、设备、管理技能和企业家声誉等无形资产,其目的是通过获取在其他国家投资企业的经营管理权实现利润最大化。例如,海尔在美国投资设立一家生产和销售电冰箱的子公司。对外间接投资是指在资本市场上进行的跨越国界的投资,投资形式只涉及货币资本,目的是获取金融资产收益。例如,一个中国人购买一家法国公司发行的股票。

一个开放经济的国家通常以两种方式与世界其他国家开展经济交往:一是物品和服务的国际贸易,二是国际金融市场上的资本流动。净出口和资本净流出分别衡量在这些市场上的不平衡,净出口衡量一国出口与进口之间的不平衡;资本净流出衡量本国公民购买的其他国家资产量与其他国家公民购买的本国资产量之间的不平衡。对于一国的整体经济而言,净出口必然等于资本净流出。

当一个国家存在贸易盈余时,即收入要大于国内支出,在这种情况下,该国的储蓄大于投资,要把一些储蓄输出到国外,该国的资本净流出必定大于零。当一个国家存在贸易赤字时,情况恰好相反,即收入要小于国内支出。在这种情况下,该国的储蓄小于投资,需要从国外输入资本,该国的资本净流出必定是负值。当一个国家的经济处于国际贸易平衡状态时,收入等于国内支出,储蓄等于投资,净出口为零,资本净流出也等于零。

★ **国际贸易政策**

国际贸易政策是指一国政府为影响进口或出口物品和劳务量而制定和实施的政策。尽管一个国家可以从国际贸易中获益,但是世界各国都实行某种形式的贸易保护主义,并通过国际贸易政策设置贸易壁垒。贸易壁垒主要有四种类型:关税、配额、补贴和反补贴、反倾销。

关税是进口国政府对进口商品征收的税种。由于关税只向外国商品征收,因而它削弱了外国商品在国内市场的竞争优势,限制了进口。关税使得进口商品的价格高于它们在国际市场上的价格,如果课征的关税非常高,

完全阻止了商品的进口，这种关税叫作禁止性关税。较低的关税不会消除贸易，但会损害贸易。结果是国内需求减少，进口减少，减轻了国内同类产品生产企业的市场竞争压力，增加了国内生产。

在特定情况下，关税可以采取不同形式，如反补贴税和反倾销税。

反补贴税，是指对进口商品使用的一种超过正常关税的特殊关税，通常是按补贴数额进行征收的，目的在于抵消国外竞争者得到其政府奖励和补助产生的影响，使其不能在进口国市场上进行低价竞争，从而保护进口国生产同类商品的制造商。出口国政府、垄断组织或同业工会提供的这种奖励和补贴包括对其制造商直接进行支付以刺激出口；对出口商品进行关税减免，对为加工出口而进口的原料、半制成品实行免税，对出口项目提供低成本资金融通、降低运费或类似的物质补助。凡进口商品在生产、制造、加工、买卖、输出过程中所接受的直接或间接补贴和优惠，都足以构成进口国征收反补贴税的理由。

反倾销税，是指对外国生产商在本国市场上倾销的商品所征收的进口附加税。对于倾销的外国商品除征收一般进口税外，再增收附加税，使其不能廉价出售，此种附加税称为"反倾销税"。确定倾销必须经过三个步骤：一是确定出口价格；二是确定正常价格，往往通过对比第三国同类产品出口价格来确认；三是对出口价格和正常价格进行比较，如果产品的出口价格低于正常价格，对国内产业造成了实质损害或威胁，就会被认为存在倾销。出口价格低于正常价格的差额被称为倾销幅度，征收反倾销税的数额可以等于倾销幅度，也可以低于倾销幅度。

进口配额，是指一国政府在一定时间内，对于某些商品的进口数量或金额规定的限制，它规定了在某一时期内可以进口的这种商品的最大限量，超过规定限额的商品不准进口。由于限制了进口，商品在国内市场上供不应求，国内价格高于国际价格，从而保护了国内生产者。进口配额有全球配额和国别配额两种形式。全球配额是适用于世界范围内任何国家或地区的配额，按进口商的申请先后批给在不同期限内有效的额度，直至配额用满为止；国别配额是按国家和地区进行分配的固定配额，有的由单方面强制规定，有的由双方谈判达成协议确定。有的国家将进口配额与关税结合起来控制商品进口，在配额以内给予低税、减税或免税待遇，超过配额则征收较高关税或附加税，称为关税配额。

配额与关税的影响在性质上是相同的，它们对国内

的消费者和生产者具有同样的影响。禁止性配额（阻止所有进口的配额）相当于禁止性关税。两者的主要区别是利益的分配不同，关税能够给政府带来收入，而配额则使得到进口许可证的商人获得国内外价格差额所带来的利润。这种利润被称为配额租金，获得配额租金的商人可以用这些收益来挥霍，甚至贿赂发放许可证的官员。为了避免这种情况发生，政府可以通过拍卖进口配额许可证的形式，获得进口许可证带来的收益。

与进口配额相关的另一种配额是自愿出口限额，它是出口国政府根据与进口国政府达成的协定，同意对自己出口商品的数量进行限制，商品的进口国根据自愿出口限额协定的配额分配给每个进口国。自愿出口配额的影响与配额类似，其区别在于进口国商品价格和出口国商品价格之间的差额由出口国的企业占有，而不是进口国的企业。

非关税壁垒，是指一国政府为保护国内市场和国内产业的发展，对国际贸易活动进行调节、管理和控制所采取的除关税以外的各种政策与手段的总和。非关税壁垒大致可以分为直接的和间接的两大类。直接的非关税壁垒是由海关直接对进口商品的数量、品种加以限制，其主要措施有：进口限额制、进口许可证制、"自动"出口限额制、出口许可证制等；间接的非关税壁垒是指进口国对进口商品制定严格的条例和标准，间接地限制商品进口，如进口押金制、苛刻的技术标准和卫生检验规定等。非关税壁垒形式多样，且更为隐蔽。非关税壁垒名目繁多，涉及面广，对国际贸易和有关的进出口国家的影响较难估计，其中技术壁垒、通关环节壁垒、卫生与植物卫生措施等是产生影响较大的非关税壁垒。

★ 汇率

每个国家都用一种货币来计量商品和服务的价格，中国用人民币，美国用美元，欧元区各国用欧元，日本用日元，等等。国内贸易，如西安居民购买上海生产的服装，或东北居民购买海南产的芒果，用人民币就可以完成交易。如果中国公司想到美国投资，或者中国居民想购买法国的香水或到欧洲旅游，中国的企业和居民就不能用人民币在其他国家投资或消费，必须要把人民币按照一定比率换成美元或欧元，才能完成交易。外汇汇率作为一国货币与他国货币交换的比率，是开放经济中最重要的一种资产价格。汇率在国际贸易中具有核心作用，对开放经济条件下的宏观经济运行有重要的影响。

每一个国家都有自己独立的货币和货币制度，各国

货币通常不能跨境使用,因此对外贸易涉及不同国家货币的使用,必须按照一定比率进行兑换,由此产生了外汇。外汇有动态和静态两种含义。外汇的动态含义是指国际汇兑的行为,即一个国家借助各种国际结算工具将其货币兑换成另一个国家货币的交易过程。我们通常使用的外汇是狭义的静态外汇,特指以外币表示的、可用于进行国际结算的支付手段。广义的静态外汇泛指一切以外国货币计价表示的各种资产,包括外国货币现钞(如纸币、硬币)、外币银行存款和外币支付凭证(如汇票、本票和支票等)、外币有价证券以及其他外汇资产(如特别提款权)。

汇率是指以一种货币与另一种货币兑换的比率,或者说,是以一种货币表示的另一种货币的相对价格(比如,美元/人民币或人民币/美元)。确定两种不同货币之间的比价,先要确定用哪个国家的货币作为标准。由于标准不同,于是便产生了几种不同的汇率标价方法。常用的汇率标价方法包括直接标价法和间接标价法。

直接标价是指以一定单位的外国货币为标准来计算应付出多少单位本国货币的报价方式。例如,2020年10月30日我国公布的美元牌价是1美元=6.6918人民币元,即1美元需要用6.6918元人民币来兑换。在直接标价法下，外国货币的数额保持不变，本国货币的数额随着本国货币币值的对比变化而变动。目前，包括中国在内的世界上绝大多数国家都采用直接标价法。

间接标价是指以一定单位的本国货币为标准，来计算应收多少单位外国货币的报价方式。例如，2020年10月30日我国公布的美元牌价是1人民币元＝0.1495美元，即1元人民币需要用0.1495美元来兑换。在间接标价法中，本国货币的数额保持不变，外国货币的数额随着本国货币币值的对比变化而变动。世界上采用间接标价的国家主要是英、美两国，如欧元对美元汇率为1.3830，即1欧元兑1.3830美元。

★ **外汇市场**

外汇市场，是指个人、企业、政府和银行买卖外汇资产的一种交易系统。外汇市场按组织形式可以分为有形市场和无形市场。在有形市场中，外汇交易者在规定的营业时间集中在交易场所进行交易。在无形市场中，没有具体的交易场所和统一的交易时间，所有交易都是通过电话、电报等通信工具，以及计算机信息网络系统完成的。

外汇市场是世界上规模最大、流动性最强的市场之

一，全世界每天都在进行大量货币交易。在外汇的日常交易中，仅有较少部分真正涉及货币交易，绝大多数交易都是以银行存款的转账形式完成。并不是所有的货币都参与外汇市场的交易，国际贸易经常使用的国际货币交易更活跃。一种货币的外汇市场包括所有将该货币兑换成他国货币的市场，例如，美元的外汇市场就由所有兑换美元的市场构成。

外汇市场是一个全球化的市场。所谓的"开市"和"收市"，仅仅是相对于单个外汇市场什么时候开始营业和结束营业而言的。由于世界各地存在的时差关系，全世界外汇市场的交易或顺承相连或相互交错，使亚太地区、欧洲地区和北美地区外汇市场能够连续 24 小时运作和交易。如东京、法兰克福、伦敦、纽约、芝加哥、旧金山等地的外汇市场在一天中相继开盘。在一个交易日中，外汇交易者特别关注的交易时间是：早上亚洲市场的开盘，下午欧洲市场的开盘，晚上纽约市场的开盘和次日凌晨纽约市场的收盘。在一个交易周中，外汇交易者关注的交易时间是：星期一早上的悉尼市场开盘，其对外汇行情起承上启下的作用；星期五晚上的纽约市场收盘时的外汇行情，在该时公布的美国许多经济数据决定了下一周的汇市走势。

▶ 贸易逆差与汇率波动的影响

★ 贸易逆差的影响

贸易差额是衡量一个国家对外贸易收支状况的一个重要标志,从一般意义上讲,贸易顺差反映一个国家在对外贸易收支上处于有利地位,表明它在世界市场的商品竞争中处于优势;而逆差则反映一国在对外贸易收支上处于不利地位,表明它在世界市场上的商品竞争中处于劣势。从长期趋势看,一国的进出口贸易额应该保持平衡。

当一个国家出现贸易逆差时,即表示该国外汇储备减少,其商品的国际竞争力削弱,该国在该时期内的对外贸易处于不利地位。大量的贸易逆差将使国内资源外流加剧,外债增加,影响国民经济正常有效运行。因此,政府应该设法避免出现长期的贸易逆差。如果一个国家经常出现贸易赤字现象,为了要支付进口的债务,必须要在市场上卖出本币,以购买他国的货币来支付出口国的债务,这样,国民收入便会流出国外,使国家经济表现转弱。政府若要改善这种状况,就必须降低本国的币值,因为币值下降,即变相把出口商品价格降低,可以提高出口产品的竞争能力。因此,当该国外贸赤字扩大时,就会利淡该国货币,令该国货币下跌;反之,当出现外贸盈余时,则是

利好该国货币的。因此,国际贸易状况是影响外汇汇率十分重要的因素。

据统计,自1993年以后,我国再没出现过年度贸易逆差。长期的贸易顺差所带来的并非都是好处,它会带来越来越多的贸易争端,如中美贸易摩擦;因贸易顺差而产生的外汇储备增加,未必有利于资源的充分利用;而且,巨额的贸易顺差,会转化为货币大量投放的压力,成为通货膨胀率上升的重要因素。相反,贸易逆差的结果也并非都是坏处。贸易逆差实际上等于投资购买生产性的设备,只要投资项目选择得当,可以很快提高生产能力,增加就业;短期的贸易逆差有助于缓解我国通货膨胀的压力,加大我国货币政策的操作空间。

与贸易赤字密切相关的是财政赤字。贸易赤字是对一国对外贸易状态的描述或刻画,财政赤字则是国民经济运行在财政收支上的反映或结果。预算赤字和贸易赤字有时会同时发生,被称为孪生赤字。究其原因,政府支出的增加使得相同收入水平下,国民储蓄减少。政府支出增加,无论是通过增加国内产品的消费,还是增加进出口产品的消费,都会直接或间接地提高本国收入水平。收入水平的提高将增加进口需求,从而使得本国贸易出现逆差。

★ **保护主义论战**

保护主义是指政府对国内产业提供间接补贴，由国内消费者用较高的价格埋单。

虽然大多数经济学家都支持自由贸易，但自由贸易有可能造成经济混乱或崩溃。因此，经常有政治压力要求限制进口，保护国内产业免于国外竞争，这些措施一般称作"保护主义"。

受保护的产业面临的国外生产者的竞争变少，因此可能赚取较高利润。用经济学术语来说，保护主义是政府对国内产业提供间接补贴的一种方式，由国内消费者用较高的价格埋单。至于钢铁等原材料，虽不是由个人来消费，但成本会转嫁到购买最终消费品的消费者身上。

支持产业保护的论点认为，进口可能影响国内工人可获得的工作机会和平均薪资水平。没有证据显示国际贸易会使就业机会减少，经济理论也认为国际贸易与国家的整体就业水平无关。周期性失业与经济繁荣和衰退有关，自然失业则与劳动力市场因素有关。保护主义是对国内产业的补贴，有助于该产业的工资增加。然而，这并不表示整个社会的工资都会变高。被保护产业的工资变高，是以提高商品价格为代价的，未被保护的产业就会

遭受损失。

保护主义可以减少一个经济体的收入分配不均吗？20世纪70年代与21世纪最初的10年，美国的收入不均现象加剧，对于其中有多少是因贸易而起曾有过一番争论。得出的共识是全球化的确会在某种程度上加剧收入不均，但它不是收入不均的最大成因。技术进步、高技能劳动者的生产力，这些似乎是更重要的因素。

有人认为，贸易会拉大全球富国与穷国的收入差距。过去一个世纪，全球较富裕的国家变得越来越富有，而较贫穷的国家并没有多大改善，两者的人均GDP差距拉大。全球收入差距扩大，不是因为全球化伤害了贫穷国家，而是因为它们没有参与全球化。日本、韩国、中国，以及现在的印度，基本上都是以对外贸易作为经济增长的主要引擎之一。

持保护主义观点的人们会认为新产业也就是"幼稚产业"需要保护，以使它们不受国外竞争的影响，直到它们建立起足以在全球市场竞争的规模与专业能力。这个观点看起来有些道理，但实际上，没有竞争压力，"幼稚产业"通常不会变大变强，国家反而会因为支持它们而蒙受损失。20世纪70年代，巴西决定保护其新兴的计算机产业，使其免于进口竞争，结果到了80年代后期，巴西的计算机产业落后于他国大约十年，这对计算机产业来说是很长的一段时间。而且，巴西在保护计算机产业的同时，还阻碍了其他产业的发展。

在争论保护主义时，人们会提及国家安全问题，所以不应该依赖国外供应。近些年，美国频频以国家安全为理由，挑起贸易摩擦，制裁他国企业，但并没有解决本国经济面临的问题。人们对保护主义有很多争议，但只有少数论点是有说服力的，我们总会有比限制进口更好的办法来应对这些争议。

同样道理，贸易保护主义也不能解决贸易逆差的问题。贸易逆差并非取决于较高的贸易程度，或是对世界经济有较大的开放性。在世界经济中，出口约占GDP的25%，数据并没有显示出贸易逆差或顺差与出口占GDP比重具有系统性关系。近年来，美国的出口约占其GDP的10%～12%，却有着巨大的贸易逆差。日本的出口占其GDP的8%～10%，但它有巨大的贸易顺差。为什么？日本有惊人的高储蓄率，贸易差额这笔钱必须流向某处，而它是以贸易顺差的形式流出日本的。

高收入国家通常有贸易顺差，因而会对低收入国家

有净投资。最近数十年来,世界各国对美国社会有净投资。这种情况没有前例可循,似乎不可能长期延续。在某个时间点,美国必将偿还这笔钱。世界各国的问题是,它们想要持有多少美国资产?到了一定的时间点,这些国家将不愿意在投资组合中持续增加美国资产。

★ 汇率波动的影响

汇率波动对经济产生影响,尤其是汇率的剧烈波动,会对国内经济运行造成很大干扰。具体来说,汇率波动对一国经济的影响表现在五个方面:

第一,汇率波动会引起进出口商品价格的变化,从而影响一国的进出口贸易。一国货币的对外贬值有利于该国增加出口,抑制进口。反之,如果一国货币对外升值,则有利于进口,而不利于出口。

第二,汇率波动会影响国内的物价水平,包括国际贸易品的价格和非国际贸易品的价格。

第三,汇率变动会影响国际资本流动。本币对外贬值后,单位外币能折合更多的本币,这样就会促使外国资本流入增加,国内资本流出减少。如果出现本币对外价值将贬未贬、外汇汇价将升未升的情况,则会影响人们对汇率的预期,引起本国资本外逃。

第四，汇率波动会影响本国的外汇储备。货币贬值会影响一国外汇储备的规模，而储备货币汇率的变动会进一步影响外汇储备的实际价值，频繁的汇率波动还会影响储备货币的地位。

第五，汇率变动会影响一国国内就业、国民收入以及资源配置。当一国本币汇率下降，外汇汇率上升，有利于促进该国出口增加而抑制进口，这就使得其出口工业和进口替代工业得以大力发展，从而使整个国民经济发展速度加快，国内就业机会因此增加，国民收入也随之增加。反之，如果一国货币汇率上升，该国出口受阻；进口增加，造成该国出口工业和进口替代产业萎缩，资源就会从出口工业和进口替代产业转移到其他产业。

控制汇率波动、维持货币某种程度的稳定，是政府的重要宏观经济目标。经济学家有时会建议某个国家的货币贬值，以便使出口商变得更有竞争力，并且在出口导向的产业中创造更多的工作机会。虽然潜在的经济因素有时会使货币贬值，但货币贬值并非经济可持续增长的正道。弱势货币使所有进口商品变得更贵，从长期看，一个国家不应持续让其货币贬值。

政府实施的货币政策是控制汇率波动的一种重要手

段。例如，收缩性货币政策可以提高利率，为了获得较高的投资报酬率，全球投资者会去投资该国货币，进而使汇率走强。相反，扩张性货币政策可以降低利率，使得该国货币不那么吸引外国投资者，进而使汇率走弱。假如一个国家遭受某种负面的经济冲击，导致其汇率下跌。该国运用收缩性货币政策以提高利率，使汇率与货币变得更有吸引力，但收缩性货币政策会冲击国内经济，造成经济衰退，失业增加。面对这样的情况，多数国家会优先振兴国内经济，而非稳定汇率。

控制汇率的另一个替代方案是在外汇市场直接买卖本国货币。在外汇市场买入本国货币，会推动本币走强；在外汇市场卖出本国货币，会推动本币走弱。但这种直接买卖的方法有其局限。当一国卖出本国货币时，它会获得某个国家的外汇储备，只要该国愿意持有外汇储备，它就可以卖出本国货币。而当一国买入本国货币时，它需要拥有某个国家的外汇储备才能购买。因此，只要该国拥有外汇储备，它就可以持续买入本国货币。当这些储备用完时，该国就无法继续买入本国货币。买卖本国货币往往只是短期办法。

时间与风险——人生财富积累的思考

> 一项成熟的投资计划，应当能够消除实践的不确定性和未来的不可知性。
>
> ——约翰·梅纳德·凯尔斯

如果有人问："世间什么最值钱？"我会说："是时间，时间是有价值的。"如果有人问："世间什么最平等？"我会说："还是时间，只要你活着，你就会与别人一样每天享受24小时的时光。"你的人生财富，是在你度过一生的漫长时光中积累下来的。你每天选择做些什么，如何做，短期内不能从你身上看出差别。当属于你生命的时间在日复一日、年复一年的重复中流逝后，剩下的就是你与其他人的区别。

许多东西都需要经过时间的积累，然后才能使用。

有些人可能认为,投资只是一种简单的金钱交易。而经济学家会告诉你,投资是为了在未来拥有更多物品而牺牲当前的物品。从整个社会来说,投资采取的形式是减少对当前的消费品生产,将更多的稀缺资源用于生产机器设备、原材料,建造厂房,从而在未来获得更多、更好的消费品。

未来不可预知,投资必然包含风险。投资若要延续,就必须有回报,以维持生存所需的成本,补偿风险带来的损失。如果投资回报不够高,做投资的人将变少,消费者在未来就无法享用本来应该生产出来的产品和服务。没人有义务确保所有投资都能获得回报,但是有多少投资应该获得回报,得到多少回报,取决于有多少消费者认可投资带来的好处,以及认可的程度。如果消费者不认可正在生产的东西,投资就无法获得回报。

▶ **投资与投机**

★ **人力资本投资**

虽然人力资本有多种形式,但是人们倾向于把它等同于正规教育。然而,采取这一方式不仅会忽略许多其他有价值的人力资本形式,还会夸大正规教育的价值。工业革命并不是由受过高等教育的人创造的,而是由那些有着实际工作经验的人发起的。

当然，教育尤其是高等教育，对推动经济发展和生活水平的提高做出了重要贡献。我们很容易理解医学、工学方面的专业技能具有巨大的价值，数学也能为许多行业提供基础，而许多其他的学科专业传授给人们的技能的市场价值，往往不那么显而易见或立竿见影。

投资于人力资本与投资于其他类型的资本在某些方面相同，有些方面则不同。人们接受无薪工作或薪酬比其他地方低得多的工作，事实上是在投资他们的工作时间，而不是金钱。他们希望通过获取工作经验在未来得到更大的回报，这种回报是一开始就从事高薪工作无法获得的。

★ 金融投资

人们进行金融投资时，实际上是放弃当前的消费，期望将来能够得到更多的货币收入，从而拥有更多的产品和服务。对于一个国家来说，投资本身最终会增加国家的资本存量和提高生产能力。个人可以通过购买公司股票进行直接投资，并从中分得一份收益。然而，更多的投资是由银行、保险公司、基金公司等金融机构来完成的。

金融机构不仅能够将资源从一组消费者转移到另一组消费者手里，还能够将资源从一种用途转移到另一种

用途上，将缺少资金但具有企业家精神的人与有存款的人连接到一起，从而创造财富。例如，美国惠普公司始于一个用借来的钱租用的车库，亨利·福特、托马斯·爱迪生、卡耐基等许多著名企业家的起点都同样普通。

★ 投资回报

对早期成本的延期回报就是投资的回报，不论这些回报是以公司股票分红的形式还是因大学或医学院教育而获得收入的提高。

利息作为投资基金的价格，与其他价格一样，在调节供求平衡中起着配置作用。当利率较低时，借钱投资建造房子，改造工厂的生产线，或从事其他经济活动更有利。低利率会使人们减少存款，高利率则会激励更多的人把更多的钱存入银行，但投资者也因为借钱成本增加而减少借钱。资金供求的失衡会引起价格的上升与下降，即利率的上升和下降。大多数时候，储蓄与投资可以通过利率机制达成一致，当人们储蓄的期望超过了投资的期望时，利率会下降，人们的储蓄动机会减少，投资意愿则会增加。

在现实世界里，就像一般价格波动一样，利率也是不断波动的。它们会随着技术、需求，以及其他因素的变化,不断将资源重新分配到不同的方向。并不是所有被称为利息的东西都是真正的利息。例如,借贷时人们收取的利息不仅包括用来补偿延时收回资金的必要报酬,还包括一笔附加金额用来补偿贷款无法收回或不能及时收回又或是无法全部收回的风险。也就是说,利息包含处理贷款的成本,特别是小额贷款,手续费是非常重要的一部分。经济学家用利息这个词来表示延期收到款项的报偿,以及可能收不到全款,不能及时收款,或根本收不到款的风险补偿。

★ 投机

一些交易,涉及的物品暂时还不存在,或该物品的价值还未得到确定,这时的投资就带有赌博或投机的味道。例如,亚马逊公司赚到第一笔利润之前,有好几年的时间股价一直在上升。显然,人们预期亚马逊最终一定会盈利。不管亚马逊有没有盈利,原始股东都可以卖出股票获得利润。

投机常常被误解为跟赌博一样,事实上投机与赌博恰恰相反。赌博包含人们为了钱、为了显示本领或无所畏惧而凭空创造出来的风险。而经济上的投机所涉及的是人们以投机这种方式应对、降低固有风险并把风险留

给那些做好充分准备的人。从经济整体来看，竞争决定了价格，也决定了投机者的利润。如果利润超过了诱使投机者愿意在这个不稳定的领域投入资金的水平，那么就会有更多的资金进入这一市场，直到竞争使得利润降到刚好能够弥补他们的开支、努力和风险的水平。

有风险才有投机，所以投机失败是一种常见的现象，虽然失败往往意味着经济破产。风险的全部成本不仅包括投入的金钱，还包括在等待过程中的担惊受怕。所以，投机者不仅财务状况足以应对投机失败，在心理上也做好了准备。

★ 风险与时间

不同种类投资的相对风险如何随时间变化有一个极端的例子。1801年，用1美元投资的债券到1998年的价值达到1 000美元左右，而1801年将1美元投资于股市，到1998年它的价值可能已经超过50万美元。这些都是考虑了通货膨胀计算的结果。与此同时，如果1801年把1美元投资于黄金，那么到1998年，它只值78美分。虽然短期内也有债券和黄金保住价值而股票价格却暴跌的情况，但是这些不同种类投资的相对安全程度，随着投资期限不同存在巨大差异。不同时期的投资模式也不一样，1931年至1940年经济大萧条的10年中，美国股票的实际回报率只有3.6%，而债券的回报率则是6.4%。然而，在20世纪40年代到70年代经济繁荣时期，债券的实际回报率为负，而股票的回报率是正的。

应对不同种类的风险，可以增加投资种类，即所谓的"投资组合"。当某一种投资的表现欠佳时，其他种类的投资可能是众望所归，这就降低了总资产的整体风险。除了风险，不确定性是另一种影响投资回报的重要因素。在经济学中，风险和不确定性之间的区别很重要，因为市场竞争会更容易把风险考虑进去，无论是通过购买保险的方式，还是留出一笔可估算的钱来应对。但是，如果一项投资需要好几年才能取得成效，而政府政策在此期间会摇摆不定，这样一来市场就具有不确定性，那么许多投资者可能会选择不进行投资，直到局势明朗。当投资者、消费者和其他人仅仅因为不确定性而收紧钱袋的时候，带来的需求缺乏会对整个经济产生不利影响。

▶ 时间是最好的资本

古谚说："时间就是金钱。"这句话不仅正确，而且含义深刻。

★ 利率变动对经济的影响

时间意味着谁有能力拖延还款,谁就能够把成本强加给其他人,而且有时候是极其巨大的成本。例如,计划建造住房的人,通常会贷款并支付利息,不管他们的建设是否按计划进行,是否因法律质疑,抑或可能会因为环境危害接受调查,也可能因为增加各种基础设施,都会给房屋建设本身造成巨大的利息支出。建筑商更有可能会建设这些他们和消费者都不太愿意支付的东西,但他们最终会从更高的房价和更高的公寓租金得到回报。

如果银行调低利息,持有现金的机会成本也跟着下降,投资和消费增加,经济就会好转。因此,降息成为刺激经济复苏的一种重要手段。降息对企业的结构调整也会产生重要影响。它将有助于改善企业收益,让暂时还未赢利的企业也能看到希望。

是不是说,降息就一定能够使濒临危机的国家经济起死回生呢?凡事都不能绝对化,降低利息并不能保证投资和消费就一定会增长,只有当人们对未来有了信心和希望,投资才会增加。假如利率已经降到了不再让投资者感兴趣的份上,这时无论利率再怎么下调,投资者都不会考虑投资,这样一来,指望用调息来刺激经济的手段就失效了,这种现象被称作"流动性陷阱"。

世界上没有免费的午餐,利息下降,刺激消费和投资,又会产生通货膨胀的副作用。因此,如果经济过热就要涨息,经济出现乏力时就要降息,总是在利息上做文章。经济停滞又是失业率增加的代名词,它们之间的关系也可用失业和通货膨胀的关系来说明,即短期内,通货膨胀可以换取较低的失业率。经济景气和通货膨胀,只能选择一个,牺牲另一个。

★ **货币的时间价值**

货币的时间价值,是指货币经历一定时间的投资和再投资所增加的价值。由于货币具有时间价值,即使两笔金额相等的资金,如果发生在不同的时期,其实际价值量也是不相等的。货币的时间价值是放弃即期消费而获得的回报,它体现了资源的稀缺性。现有的资源构成现存的社会财富,利用这些资源在未来创造出更多的产品和服务,构成了将来的社会财富。所以,当前物品的效用要高于未来物品的效用。在货币经济条件下,市场利息率是衡量货币时间价值的标准。

货币的时间价值是人们认知心理的反映。人们总是对现存事物的感知能力较强,而对未来事物的认识较模糊,结果是,人们比较重视当下而忽视未来。当前的货币

能够支配当前商品满足人们现实需要,而将来货币只能支配将来商品满足人们将来不确定的需要,所以当前单位货币价值要高于未来单位货币价值,为使人们放弃当前货币价值,必须付出一定代价,利息率便是这一代价。

★ 复利的作用

复利其实就是我们经常说的"利滚利"。财富最大的秘密就是时间的复利,巴菲特把投资比喻成滚雪球,他说投资者要做的就是要找到一块比较湿的雪(寻找能够获得更高复利的投资产品)和一条足够长的斜坡(能够长时间获取复利),就能够滚出巨大的雪球(获取巨额的投资收益)。他一直惯用的手法是利用低成本的保险资本长时间投资某一个产品,通过时间的复利,最终获得巨额的回报。

金融行业的高管年薪百万并非什么新闻,有的银行高管年薪超过1 000万元,这样的薪酬水平,在很多人看来是"高得离谱"。原因在于,金融家们掌握了复利的奥秘。复利是指在每经过一个计息期后,都要将所生利息加入本金,以计算下期的利息。这样,在每一个计息期,上一个计息期的利息都将成为生息的本金,即以利生利。复利的计算是对本金及其产生的利息一并计算,其特点是把上期期末的本利和作为下一期的本金,在计算时每一期本金的数额是不同的。复利现值是指在计算复利的情况下,要达到未来某一特定的资金金额,现在必须投入的本金。复利终值是指本金在约定的期限内获得利息后,将利息加入本金再计利息,逐期滚算到约定期末的本金之和。

例如,拿10万元进行投资,以每年15%的收益来计算,第二年的收益并入本金就是11.5万元,然后将这11.5万元作为本金再次投资,等到15年之后拥有的资产就是原来的8倍,也就是80万元,而且这笔投资还将继续以每五年翻一番的速度增长。金融领域有个7.2法则,即以10%的复利来计息,经过7.2年后,本金就会翻一番。如果投资10万元,7.2年后就变成20万元。可见,要想财富增值,必须进行投资,回报率越高,复利带来的收益就越大。银行的存款利息过低,储蓄不是财富增值的最佳选择。要想让复利一展神奇的话,就需要寻求高回报率的投资。

从复利的增长趋势来看,时间越长,复利产生的效应也就越大。所以,在条件允许的情况下,只要有了资金来源,就需要制订并开始执行投资理财计划。复利的收益是在连续计算的时候,才会有神奇的效应。这就要求我们在投资的时候,要防止亏损。一旦出现严重亏损,就会前功尽弃。利用复利进行投资时,需要谨记的是:避免出现大的亏损,以"稳"为重。

▶ 别把鸡蛋放在一个篮子里

随着时代的进步，人们开始逐渐意识到除了节俭之外，还要投资，让钱生钱。随着资本市场的不断成熟，人们的投资有了越来越多的选择，股票、基金、黄金，甚至房地产都成了投资产品。

★ 通过理财组合降低投资风险

如果把财产看成一堆鸡蛋，为了规避投资风险，就应该将它们放在不同的篮子里，万一不小心打碎了其中一篮，至少不会损失全部。"别把鸡蛋放在一个篮子里"的目的是分散投资风险，通过理财投资组合有效地化解风险。理财投资组合的核心就是个性化理财，根据理财者的风险承受能力、实际财务状况、个人（或家庭）理财目标等综合因素制订符合其自身特点的理财方案。

根据"基础理财—投资理财"的路线来配置自己的资产。基础理财包括保险、家庭急用金、购房资金、孩子教育费、养老筹备金等。在满足了这些理财规划需求后，如果还有闲置资金，则可以大胆地进行投资，购买股票或其他风险类金融产品。

建立与理财目标相匹配的投资组合。不能把鸡蛋放在一个篮子里,分散风险是投资组合理论的精髓所在。但并不是把鸡蛋放得越散越好,最好的办法就是与理财目标相结合,配置最适合的投资理财产品。比如短期的购房资金筹备需要稳健的理财产品,长期的养老基金则可以采用股票型基金定投。

单项投资也需要以风险分散的原则来进行。投资基金也是同样道理,尽管基金风险小,但并不是绝对没有风险,基金也有赔的时候。所以,投资基金不要只专注于一只基金,同时关注几只基金是规避基金风险的有效手段。

★ 明确自己是属于哪种类型的投资者

要做到风险分散,我们至少应该了解自己的风险承受能力、财务状况、理财目标、投资渠道或具体投资品种的风险类型、宏观市场趋势等方面的内容。构建适合自己的理财方案,实现幸福人生。

投资者按其对风险的态度,可分为不同类型。稳健型投资者对风险的态度是中性的,适合于选择平衡型基金、债券基金、股票基金;保守型投资者通常厌恶风险,要选择货币型基金;激进型投资者喜欢冒险,可选择股票或股票型基金。不管是哪种投资风格,在选择基金时,不要只投资一种基金,建立一个适合自己的基金投资的搭配

组合，以投资几种基金的形式规避基金理财的风险。

★ 股市有风险，入市需谨慎

股市风险包括系统性风险和非系统性风险两类，通常是指买入股票后在预定的时间内不能以高于买入价将股票卖出，发生账面损失或以低于买入价格卖出股票，造成实际损失。人们在利好行情的诱惑下，常常忽视了股票市场存在的巨大风险。

投资风险若按风险影响的范围来说，可分为社会公共风险和个别风险。利率风险、物价风险、市场风险均属社会公共风险；企业风险，因投资者本人主观因素造成的风险，属于个别风险。股市是一门学问，股市的水很深，风也很大，中小散户投资者都是股海中的一艘小船，随时都可能被风浪打翻。规避风险是指通过一些手段降低风险，保护目标免受风险的影响。规避风险并不表示能完全消除风险，只是降低损失发生的概率，或者降低损失程度。将风险降到最低，无形中就提高了赢利的可能性。投资理财不是简单地把钱从银行挪到股市，还有其他很多可去之处。在确保安全的基础上，使财产适度增值，就实现了理财的目的。

参考文献

[1] 保罗·萨缪尔森,威廉·诺德豪斯.经济学[M].19版.萧琛,译.北京:商务印书馆,2013.

[2] 吴慧林.何为大师？[M].北京:商务印书馆,2010.

[3] 梁小民.经济学是什么[M].北京:北京大学出版社,2017.

[4] 戴维·弗里德曼.弗里德曼的生活经济学[M].赵学凯,等,译.北京:中信出版社,2006.

[5] 罗伯特·墨菲.第一本经济学[M].程晔,译.海口:海南出版社,2018.

[6] 蒂莫西·泰勒.斯坦福极简经济学[M].林隆全,译.长沙:湖南人民出版社,2015.

[7] 乔纳森·默多克,迪恩·卡尔兰.认识经济[M].贺京同,等,译.北京:机械工业出版社,2018.

[8] 罗伯特·索罗,詹尼斯·莫里.好奇者的经济学[M].叶可心,译.桂林:漓江出版社,2015.

[9] 高小勇,汪丁丁.专访诺贝尔经济学奖得主[M].北京:朝华出版社,2005.

[10] 罗杰·E.巴克豪斯.经济学的故事[M].莫竹芩,袁野,译.海口:海南出版社,2014.

[11] 原毅军.微观经济学[M].北京:科学出版社,2010.

[12] 原毅军.宏观经济学[M].北京:科学出版社,2010.

[13] 约翰·塔姆尼.让经济学回归常识[M].陈然,译.武汉:湖北教育出版社,2016.

[14] 尼尔·基什特尼.经济学通识课[M].张缘,刘婧,译.北京:民主与建设出版社,2017.

[15] 加里·贝克尔,吉蒂·贝克尔.生活中的经济学[M].章爱民,徐佩文,译.北京:机械工业出版社,2014.

[16] 考什克·巴苏.经济学的真相:超越看不见的手[M].曹占涛,译.北京:东方出版社,2011.

[17] 高希均,林祖嘉.经济学的世界:人人都要懂的个体经济学[M].南昌:江西教育出版社,2020.

[18] 高希均,林祖嘉.经济学的世界:人人都要懂的总体经济学[M].南昌:江西教育出版社,2020.

"走进大学"丛书拟出版书目

什么是机械？ 邓宗全 中国工程院院士
哈尔滨工业大学机电工程学院教授（作序）
王德伦 大连理工大学机械工程学院教授
全国机械原理教学研究会理事长
什么是材料？ 赵 杰 大连理工大学材料科学与工程学院教授
宝钢教育奖优秀教师奖获得者
什么是能源动力？
尹洪超 大连理工大学能源与动力学院教授
什么是电气？ 王淑娟 哈尔滨工业大学电气工程及自动化学院院长、教授
国家级教学名师
聂秋月 哈尔滨工业大学电气工程及自动化学院副院长、教授
什么是电子信息？
殷福亮 大连理工大学控制科学与工程学院教授
入选教育部"跨世纪优秀人才支持计划"
什么是自动化？ 王 伟 大连理工大学控制科学与工程学院教授
国家杰出青年科学基金获得者（主审）
王宏伟 大连理工大学控制科学与工程学院教授
王 东 大连理工大学控制科学与工程学院教授
夏 浩 大连理工大学控制科学与工程学院院长、教授
什么是计算机？ 嵩 天 北京理工大学网络空间安全学院副院长、教授
北京市青年教学名师
什么是土木？ 李宏男 大连理工大学土木工程学院教授
教育部"长江学者"特聘教授
国家杰出青年科学基金获得者
国家级有突出贡献的中青年科技专家

什么是水利？	张 弛	大连理工大学建设工程学部部长、教授
		教育部"长江学者"特聘教授
		国家杰出青年科学基金获得者
什么是化学工程？		
	贺高红	大连理工大学化工学院教授
		教育部"长江学者"特聘教授
		国家杰出青年科学基金获得者
	李祥村	大连理工大学化工学院副教授
什么是地质？	殷长春	吉林大学地球探测科学与技术学院教授（作序）
	曾 勇	中国矿业大学资源与地球科学学院教授
		首届国家级普通高校教学名师
	刘志新	中国矿业大学资源与地球科学学院副院长、教授
什么是矿业？	万志军	中国矿业大学矿业工程学院副院长、教授
		入选教育部"新世纪优秀人才支持计划"
什么是纺织？	伏广伟	中国纺织工程学会理事长（作序）
	郑来久	大连工业大学纺织与材料工程学院二级教授
		中国纺织学术带头人
什么是轻工？	石 碧	中国工程院院士
		四川大学轻纺与食品学院教授（作序）
	平清伟	大连工业大学轻工与化学工程学院教授
什么是交通运输？		
	赵胜川	大连理工大学交通运输学院教授
		日本东京大学工学部 Fellow
什么是海洋工程？		
	柳淑学	大连理工大学水利工程学院研究员
		入选教育部"新世纪优秀人才支持计划"
	李金宣	大连理工大学水利工程学院副教授
什么是航空航天？		
	万志强	北京航空航天大学航空科学与工程学院副院长、教授
		北京市青年教学名师
	杨 超	北京航空航天大学航空科学与工程学院教授
		入选教育部"新世纪优秀人才支持计划"
		北京市教学名师

什么是环境科学与工程？
　　　　　　　　陈景文　大连理工大学环境学院教授
　　　　　　　　　　　　教育部"长江学者"特聘教授
　　　　　　　　　　　　国家杰出青年科学基金获得者
什么是生物医学工程？
　　　　　　　　万遂人　东南大学生物科学与医学工程学院教授
　　　　　　　　　　　　中国生物医学工程学会副理事长（作序）
　　　　　　　　邱天爽　大连理工大学生物医学工程学院教授
　　　　　　　　　　　　宝钢教育奖优秀教师奖获得者
　　　　　　　　刘　蓉　大连理工大学生物医学工程学院副教授
　　　　　　　　齐莉萍　大连理工大学生物医学工程学院副教授
什么是食品科学与工程？
　　　　　　　　朱蓓薇　中国工程院院士
　　　　　　　　　　　　大连工业大学食品学院教授
什么是建筑？　齐　康　中国科学院院士
　　　　　　　　　　　　东南大学建筑研究所所长、教授（作序）
　　　　　　　　唐　建　大连理工大学建筑与艺术学院院长、教授
　　　　　　　　　　　　国家一级注册建筑师
什么是生物工程？
　　　　　　　　贾凌云　大连理工大学生物工程学院院长、教授
　　　　　　　　　　　　入选教育部"新世纪优秀人才支持计划"
　　　　　　　　袁文杰　大连理工大学生物工程学院副院长、副教授
什么是农学？　陈温福　中国工程院院士
　　　　　　　　　　　　沈阳农业大学农学院教授（作序）
　　　　　　　　于海秋　沈阳农业大学农学院院长、教授
　　　　　　　　周宇飞　沈阳农业大学农学院副教授
　　　　　　　　徐正进　沈阳农业大学农学院教授
什么是医学？　任守双　哈尔滨医科大学马克思主义学院教授
什么是数学？　李海涛　山东师范大学数学与统计学院教授
　　　　　　　　赵国栋　山东师范大学数学与统计学院副教授
什么是物理学？孙　平　山东师范大学物理与电子科学学院教授
　　　　　　　　李　健　山东师范大学物理与电子科学学院教授

什么是化学？	陶胜洋	大连理工大学化工学院副院长、教授
	王玉超	大连理工大学化工学院副教授
	张利静	大连理工大学化工学院副教授
什么是力学？	郭　旭	大连理工大学工程力学系主任、教授
		教育部"长江学者"特聘教授
		国家杰出青年科学基金获得者
	杨迪雄	大连理工大学工程力学系教授
	郑勇刚	大连理工大学工程力学系副主任、教授
什么是心理学？	李　焰	清华大学学生心理发展指导中心主任、教授（主审）
	于　晶	辽宁师范大学教授
什么是哲学？	林德宏	南京大学哲学系教授
		南京大学人文社会科学荣誉资深教授
	刘　鹏	南京大学哲学系副主任、副教授
什么是经济学？	原毅军	大连理工大学经济管理学院教授
什么是社会学？	张建明	中国人民大学党委原常务副书记、教授（作序）
	陈劲松	中国人民大学社会与人口学院教授
	仲婧然	中国人民大学社会与人口学院博士研究生
	陈含章	中国人民大学社会与人口学院硕士研究生
		全国心理咨询师（三级）、全国人力资源师（三级）
什么是民族学？	南文渊	大连民族大学东北少数民族研究院教授
什么是教育学？	孙阳春	大连理工大学高等教育研究院教授
	林　杰	大连理工大学高等教育研究院副教授
什么是新闻传播学？		
	陈力丹	中国人民大学新闻学院荣誉一级教授
		中国社会科学院高级职称评定委员
	陈俊妮	中国民族大学新闻与传播学院副教授
什么是管理学？	齐丽云	大连理工大学经济管理学院副教授
	汪克夷	大连理工大学经济管理学院教授
什么是艺术学？	陈晓春	中国传媒大学艺术研究院教授